+ 국가수준 +

학업
성취도
평가

문제집

고2 국어

차례

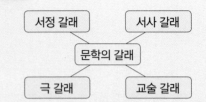

1강 개념 총정리

개념 1 문학의 갈래별 구분과 구성 요소

○ 문학의 갈래별 구분과 구성 요소

갈래	구성 요소
서정 갈래	시어, 화자, 운율, 심상, 표현 기법
서사 갈래	서술자, ❶ , 사건, 배경, 문체
극 갈래	등장인물, 대사, 행동
❷ 갈래	제재, 구성, 문체

답 | ❶ 인물 ❷ 교술

보기

```
서정 갈래        서사 갈래
      문학의 갈래
극 갈래          교술 갈래
```

➡ 문학은 서정 갈래, 서사 갈래, 극 갈래, 교술 갈래로 나뉨.

개념 2 서정 갈래의 개념과 특성

○ **개념**: 시적 화자의 주관적인 사상과 정서를 함축적이고 운율이 있는 언어로 형상화하는 문학의 갈래로, ❶ 가 대표적임.

○ **특성**

- 말소리나 어구, 음보, 글자 수 등이 반복되며 운율이 형성됨.
- 감각과 경험을 생생하게 전달하기 위해 ❷ 이 쓰임.
- 비유, 상징, 반어, 역설 등의 다양한 표현 방법이 쓰임.
- 함축적 의미를 지닌 시어가 사용됨.

답 | ❶ 시 ❷ 심상

보기

돌담에 속삭이는 햇발같이
풀 아래 웃음 짓는 샘물같이

– 김영랑, 〈돌담에 속삭이는 햇발〉

➡ '~는 ~같이'라는 어구를 반복하고, 직유법을 사용하여 운율을 형성한 서정 갈래(시)임.

개념 3 교술 갈래의 개념과 특성

○ **개념**: 글쓴이의 경험이나 성찰을 바탕으로 하여 감동이나 교훈을 전달하는 문학의 갈래로, ❶ 이 대표적임.

○ **특성**

- 다른 갈래에 비해 형식이 자유로움.
- 글쓴이가 독자에게 ❷ , 생각, 느낌 등을 직접 말하는 방식으로 서술됨.
- 자기 고백적이며 글쓴이의 개성이 잘 드러남.

답 | ❶ 수필 ❷ 경험

보기

키티에게
오늘은 전에 쓴 일기를 모두 읽어 보았단다.
그런데 내가 엄마를 몹시 비난하고 있었던 것에
몹시 놀랐어.

– 안네 프랑크, 〈안네의 일기〉

➡ 글쓴이인 '나'가 자신의 경험과 생각, 느낌을 직접 말하는 방식으로 서술한 교술 갈래(일기)임.

개념 확인

확인 1-1

제시된 개념과 관련이 깊은 갈래를 연결하시오.

(1) 시어, 화자, 운율, 심상, 표현 기법 •

(2) 글쓴이의 경험이나 깨달음, 자유로운 형식, 개성적인 문체 •

• ① 서정 갈래

• ② 교술 갈래

풀이 | (1) '시어, 화자, ❶[   ], 심상, 표현 기법'과 관련 깊은 것은 서정 갈래이다. (2) '글쓴이의 경험이나 깨달음, 자유로운 형식, ❷[   ]적인 문체'와 관련 깊은 것은 교술 갈래이다.

답 | (1) ① (2) ② / ❶ 운율 ❷ 개성

1-2 문학의 갈래에 대한 설명으로 적절하지 않은 것은?

① 문학의 갈래는 총 4가지로 나뉜다.

② 서정 갈래는 서술자의 서술을 통해 사건을 전개한다.

③ 서사 갈래는 서술자, 인물, 사건, 배경 등이 유기적인 관련을 맺고 주제를 드러낸다.

확인 2-1

빈칸에 들어갈 말을 보기에서 찾아 쓰시오.

┌ 보기 ┐
운율   심상   표현 방법
└

(1) 서정 갈래는 시적 화자의 정서를 함축적이고 (   ) 이 있는 언어로 형상화하는 문학의 갈래이다.

(2) 비유, 상징, 반어, 역설은 서정 갈래의 대표적인 (   )이다.

풀이 | (1) 서정 갈래는 시적 ❶[   ]의 주관적인 사상과 정서를 함축적이고 운율이 있는 언어로 형상화하는 문학의 갈래이다.

(2) 서정 갈래에서는 ❷[   ], 상징, 반어, 역설 등 다양한 표현 방법이 쓰인다.

답 | (1) 운율 (2) 표현 방법 / ❶ 화자 ❷ 비유

2-2 보기에 쓰인 표현 방법으로 적절한 것은?

┌ 보기 ┐
나 보기가 역겨워
가실 때에는
말없이 고이 보내 드리우리다
                              – 김소월, 〈진달래꽃〉
└

① 비유   ② 반어   ③ 역설

확인 3-1

빈칸에 들어갈 알맞은 말을 고르시오.

(1) 글쓴이의 경험이나 성찰을 바탕으로 하여 감동이나 교훈을 전달하는 문학의 갈래는 (극 / 교술) 갈래에 해당한다.

(2) 교술 갈래의 '나'는 (글쓴이 자신 / 허구의 인물) 이다.

풀이 | (1) 글쓴이의 ❶[   ]이나 성찰을 바탕으로 하여 감동이나 교훈을 전달하는 문학의 갈래는 교술 갈래이다.

(2) 교술 갈래의 '❷[   ]'는 글쓴이 자신이다.

답 | (1) 교술 (2) 글쓴이 자신 / ❶ 경험 ❷ 나

3-2 제시된 수필에 대한 설명으로 적절한 것은?

나는 여기에서 이렇게 생각한다. 〈중략〉 잘못이 있더라도 고치기를 꺼려하지 않으면 다시 좋은 사람이 되는 것이 집 재목이 다시 쓰일 수 있는 이상으로 될 것이다.

                              – 이규보, 〈이옥설〉

① 글쓴이는 '나'이다.

② 허구의 사건을 제재로 삼고 있다.

③ 운율과 심상을 활용하여 주제를 전달하고 있다.

개념 4 서사 갈래의 개념과 특성

○ **개념**: 서술자를 통해 인물, 사건, 배경 등으로 이루어진 허구의 세계를 형상화하는 문학의 한 갈래로, **❶**〔   〕이 대표적임.

○ **특성**

• 현실을 반영하여 현실에 있을 법한 이야기로 꾸며 냄.
• **❷**〔   〕을 중심으로 하여 사건이 전개됨.
• 작가가 내세운 서술자가 사건의 전개 과정을 독자에게 전달함.

답| ❶ 소설 ❷ 갈등

보기

　나는 한동안 망설이지 않을 수 없었다. 〈중략〉 사실 말이지 '십만 원 가까이'는 내게 너무나 큰 부담이었다.

– 윤흥길, 〈아홉 켤레의 구두로 남은 사내〉

➡ 서술자인 '나'의 내적 갈등이 드러나는 서사 갈래(소설)임.

개념 5 극 갈래의 개념과 특성

○ **개념**: 서술자 없이 배우의 대사와 행동으로 표현하는 문학의 한 갈래로, 희곡과 시나리오가 대표적임.

○ **특성**

• 종합 예술(연극, 영화, 오페라 등)을 위한 대본임.
• 사건을 중심으로 내용이 전개되며, 그 사건을 **❶**〔   〕으로 보여 주면서 그 해결 과정을 통해 극의 주제를 제시함.
• 사건을 전달하는 **❷**〔   〕가 따로 존재하지 않음.

답| ❶ 현재형 ❷ 서술자

보기

회기: (조소하는 태도로) 나는 환자의 생명을 구해 줌으로써 기쁘게 해 주겠다거나 사회를 위해서 선심을 쓰겠다는 생각은 없소.

– 차범석, 〈성난 기계〉

➡ 배우의 대사와 행동으로 사건을 전개하고 주제를 구현하는 극 갈래(희곡)임.

개념 6 풍자와 해학

○ **특성**

• 대상을 과장하거나 왜곡하여 **❶**〔   〕을 유발하는 방식

○ **풍자와 해학의 차이점**

풍자	대상에 대한 부정적 인식을 바탕으로 하여 대상을 공격함.
해학	연민과 **❷**〔 〕을 가지고 대상을 감싸 안음으로써 대상에 대한 동정심을 유발함.

답| ❶ 웃음 ❷ 애정

보기

　본관 사또가 똥을 싸고 멍석 구멍 새앙쥐 눈뜨 듯 하고, 안으로 들어가서,
　"어 추워라. 문 들어온다 바람 닫아라. 물 마르다 목 들여라."

– 작자 미상, 〈춘향전〉

➡ 사또에 대한 부정적 인식을 바탕으로 하여, 언어 도치를 통한 언어유희로 웃음을 유발하면서 사또를 풍자함.

확인 4-1

빈칸에 들어갈 말을 보기에서 찾아 쓰시오.

┌─ 보기 ┐
서술자   독자   작가   갈등
└────────────────────┘

(1) 서사 갈래의 글쓴이: (   )

(2) 서사 갈래에서 사건 전개의 중심: (   )

(3) 서사 갈래에서 사건을 전달하는 이: (   )

┌─────────────────────┐
풀이 | (1) 서사 갈래의 ❶ [   ]는 작가이다.
(2) 서사 갈래의 ❷ [   ]은 갈등을 중심으로 진행된다.
(3) 서사 갈래에서 사건을 전달하는 이는 서술자이다.
└─────────────────────┘

답 | (1) 작가 (2) 갈등 (3) 서술자 / ❶ 글쓴이 ❷ 사건

4-2 빈칸에 들어갈 알맞은 말을 고르시오.

┌─────────────────────┐
서사 갈래는 갈등을 중심으로 하여 사건을 전개하는
데, (시 / 소설)이 대표적이다.
└─────────────────────┘

확인 5-1

빈칸에 들어갈 알맞은 말을 고르시오.

(1) 극 갈래는 (서술자 / 배우)의 대사와 행동으로 사건을 전개한다.

(2) (소설 / 연극)을 위한 대본은 극 갈래에 해당한다.

(3) 극 갈래는 갈등을 통해 극의 (인물 / 주제)를 제시한다.

┌─────────────────────┐
풀이 | (1) 극 갈래는 배우의 ❶ [   ]와 행동으로 사건을 전개한다. (2) 연극을 위한 대본(희곡)은 극 갈래에 해당한다. (3) 극 갈래는 ❷ [   ]과 그 해결 과정을 통해 극의 주제를 제시한다.
└─────────────────────┘

답 | (1) 배우 (2) 연극 (3) 주제 / ❶ 대사 ❷ 갈등

5-2 보기에 대한 설명으로 적절하지 않은 것은?

┌─ 보기 ┐
여자: 이해 못하실 걸요, 어머닌. (천천히 슬프고 낙담해서 사진들을 핸드백 속에 담는다.) 오늘 즐거웠어요. 정말이에요…….그럼, 안녕히 계세요.
여자, 작별 인사를 하고 문 앞까지 걸어 나간다.

– 이강백, 〈결혼〉
└─────────────────────┘

① 서술자가 존재하지 않는다.

② 지시문으로 인물의 행동을 지시하고 있다.

③ 실제 작가의 경험을 솔직하게 고백하고 있다.

확인 6-1

보기와 관련 깊은 개념은?

┌─ 보기 ┐
대상을 과장하거나 왜곡하여 웃음을 유발하는 방식으로, 대상에 대한 부정적 인식을 바탕으로 하여 대상을 공격하는 방식이다.
└─────────────────────┘

① 애정   ② 풍자   ③ 해학

┌─────────────────────┐
풀이 | 대상에 대한 ❶ [   ] 인식을 바탕으로 대상을 ❷ [   ]하면서 웃음을 유발하는 방식은 '풍자'이다.
└─────────────────────┘

답 | ② / ❶ 부정적 ❷ 공격

6-2 보기에 대한 설명으로 적절한 것은?

┌─ 보기 ┐
한번은 장인님이 헐떡헐떡 기어서 올라오더니 내 바지가랑이를 요렇게 노리고서 담박 움켜잡고 매달렸다. 〈중략〉
"아! 아! 할아버지! 살려 줍쇼, 할아버지!"

– 김유정, 〈봄·봄〉
└─────────────────────┘

① 장인님은 '나'를 풍자하고 있다.

② 장인님에 대한 '나'의 애정이 드러난다.

③ '나'의 말을 통해 해학적인 분위기를 드러낸다.

1-1~1-2 다음 글을 읽고 물음에 답하시오.

나는
나는
죽어서
파랑새 되어

푸른 하늘
푸른 들
날아다니며

㉠푸른 노래
푸른 울음
울어 예으리

나는
나는
죽어서
파랑새 되리

— 한하운, 〈파랑새〉

● **울어 예으리**: 울면서 가리.

체크 1-1

윗글과 같은 글의 특징으로 거리가 먼 것은?
① 시적 화자 또는 서정적 자아가 등장한다.
② 화자의 주관적인 사상과 정서를 드러낸다.
③ 의도적으로 시어를 배열하여 운율을 형성한다.
④ 직접 겪은 일상적인 경험과 깨달음을 표현한다.
⑤ 압축된 언어 형식을 통해 추상적 정서를 형상화한다.

도움말

윗글은 현대 시로, 서정 갈래에 해당하는 작품이다.

1-2

㉠에 나타난 심상을 이해한 것으로 적절한 것은?
① 시각적 심상만 쓰였다.
② 청각적 심상만 쓰였다.
③ 미각적 심상만 쓰였다.
④ 촉각적 심상과 후각적 심상을 나란히 늘어놓았다.
⑤ 청각적 심상을 시각적 심상으로 전이하여 표현했다.

2-1~2-2 다음 글을 읽고 물음에 답하시오.

[앞부분 줄거리] '나'는 성북동으로 이사한 후 만난 신문 보조 배달부 황수건과 친분을 쌓게 된다. 황수건이 그토록 바라던 신문 정식 배달부가 되지 못하고 보조 배달부 자리에서마저 해고된 것을 알게 된 '나'는 참외 장사를 하고 싶어 하는 그에게 조건 없이 삼 원을 내어 준다.

그는 삼 원 돈에 덩실덩실 춤을 추다시피 뛰어나갔다. 그리고 그 이튿날,

"선생님 잡수시라굽쇼."

하고 나 없는 때 참외 세 개를 갖다 두고 갔다.

그러고는 온 여름 동안 그는 우리 집에 얼씬하지 않았다. 들으니 참외 장사를 해 보긴 했는데 이내 장마가 들어 밑천*만 까먹었고, 또 그까짓 것보다 한 가지 놀라운 소식은 그의 아내가 달아났다는 것이었다. 〈중략〉

그런데 요 며칠 전이었다. 밤인데 달포* 만에 황수건이가 우리 집을 찾아왔다. 웬 포도를 큰 것으로 대여섯 송이를 종이에 싸지도 않고 맨손에 들고 들어왔다. 그는 벙긋거리며, "선생님 잡수라고 사 왔습죠."

하는 때였다. 웬 사람 하나가 날쌔게 그의 뒤를 따라 들어오더니 다짜고짜로 수건이의 멱살을 움켜쥐고 끌고 나갔다. 수건이는 그 우둔한 얼굴이 새하얗게 질리며 꼼짝 못 하고 끌려 나갔다. 나는 수건이가 포도원에서 포도를 훔쳐 온 것을 직각하였다.* 쫓아 나가 매를 말리고 포돗값을 물어 주었다. 포돗값을 물어 주고 보니 황수건이는 어느 틈에 사라지고 보이지 않았다. ㉠나는 그 다섯 송이의 포도를 탁자 위에 얹어 놓고 오래 바라보며 아껴 먹었다.

– 이태준, 〈달밤〉

체크 2-1

윗글의 '나'에 대한 설명으로 적절하지 <u>않은</u> 것은?

① '나'는 윗글의 서술자이다.
② '나'는 황수건에게 애정을 느끼고 있다.
③ '나'는 포도에 담긴 황수건의 마음을 소중히 여기고 있다.
④ '나'는 황수건이 포도를 훔쳐 온 것을 모르고 포도를 먹었다.
⑤ '나'는 황수건이 장사에 실패한 것을 다른 사람을 통해 알게 되었다.

도움말

'나는 수건이가 포도원에서 포도를 훔쳐 온 것을 직각하였다.'에서 '나'가 황수건의 도둑질을 알게 되었음을 확인할 수 있다.

2-2

㉠에 드러난 '나'의 마음을 이해한 것으로 가장 적절한 것은?

① 포도를 훔친 황수건에게 분노하고 있다.
② 황수건에게 연민과 고마움을 느끼고 있다.
③ 황수건이 다시 나타나지 않기를 바라고 있다.
④ 황수건 대신 물어준 포돗값을 아까워하고 있다.
⑤ 황수건이 자신의 잘못을 뉘우치기를 바라고 있다.

3-1~3-2 다음 글을 읽고 물음에 답하시오.

[앞부분 줄거리] 약수터에서 대못이 박힌 참나무를 발견한 '나'는 그 대못을 빼낸 것을 계기로 참나무와 인연을 맺게 된다.

바야흐로 사월이 되면서 참나무는 연둣빛의 아름다운 잎을 가지마다 무성하게 토해 내고 있었다. 〈중략〉

지난 주말에도 산에 다녀왔다. 눈이 내린 날이었다. 불과 일주일 만에 약수터의 참나무는 제 스스로 모든 잎을 떨군 채 찬 바람 속에 무연히° 서 있었다. 그리고 침묵의 시간으로 돌아간 듯 더 이상 말이 없었다. 나는 내가 못을 빼냈던 자리를 찾아보았다. 상처는 아직도 완전히 아물지 않은 상태였다.

그 헐벗은 나무를 보며 나는 생각했다. 그동안 나는 사소한 일에도 얼마나 자주 마음이 흔들렸던가. 또 어쩌다 상처를 받게 되면 얼마나 많은 원망의 시간을 보냈던가. 그리고 나는 길을 잃은 사람이 다시 찾아올 수 있도록 변함없이 그 자리에 서 있었던 적이 있었던가. 그렇게 말없이 기다림을 실천한 적이 있었던가.

이제부터는 한 그루 나무처럼 살고 싶다. 자기 자리에 굳건히 뿌리를 내리고 세월이 가져다주는 변화를 조용히 받아들이며 가끔은 누군가 찾아와 기대고 쉴 수 있는 사람이 되었으면 싶다. 겉모습은 어쩔 수 없이 변하더라도 속마음은 변하지 않는 사람이 되고 싶다. 한 그루 나무처럼 말이다.

– 윤대녕, 〈한 그루 나무처럼〉

• 무연히: 아득하게 너른 상태로.

체크 3-1

윗글에 대한 설명으로 가장 적절한 것은?

① 자연물을 통해 얻은 교훈을 전달하고 있다.
② 일상 속 소재를 활용하여 사회 현상을 비판하고 있다.
③ 다른 사람의 말을 자신의 시각에서 새롭게 해석하고 있다.
④ 다른 사람과 대화한 경험을 통해 얻은 깨달음을 드러내고 있다.
⑤ 편지글 형식을 활용하여 자신의 내면을 담담하게 표현하고 있다.

도움말

윗글은 현대 수필로, 글쓴이는 참나무의 무연한 모습을 보고 깨달음을 얻고 있다.

3-2

다음은 윗글의 내용을 구조화한 것이다. ㉠에 들어갈 내용으로 적절하지 않은 것은?

경험
눈이 내린 날 산에 올라가 무연히 서 있는 참나무를 봄.

↓

깨달음
㉠

① 겉과 속이 일치하는 사람이 되고 싶음.
② 누군가에게 의지가 되는 존재가 되고 싶음.
③ 한결같은 마음으로 살아가는 사람이 되고 싶음.
④ 세월의 변화를 묵묵히 받아들이는 사람이 되고 싶음.
⑤ 자기 자리에서 말없이 기다림을 실천하는 사람이 되고 싶음.

[4-1~4-2] 다음 글을 읽고 물음에 답하시오.

[앞부분 줄거리] 50대 가정주부 인희는 통증 때문에 진료를 받으러 갔다가 자궁암 말기임을 알게 된다. 죽음을 예감한 인희는 가족들과 이별 인사를 나눈 뒤 남편 정철과도 이별할 준비를 한다.

S# 73. 침실

조금은 어두운, 그러나 따뜻해 보이는.

인희, 정철, 조금은 낯설고 멋쩍게 침대에 걸터앉아 있다.

〈중략〉

인희　나…… 보고 싶을 것 같아?

정철　(고개를 끄덕인다.)

인희　언제? 어느 때?

정철　다.

인희　다 언제?

정철　아침에 출근하려고 넥타이 맬 때.

인희　(안타까운 마음으로 본다.) 또?

정철　(고개를 돌려, 눈물을 참으며) 맛없는 된장국 먹을 때.

인희　또?

정철　맛있는 된장국 먹을 때.

인희　또?

정철　술 먹을 때, 술 깰 때, 잠자리 볼 때, 잘 때, 잠 깰 때, 잔소리 듣고 싶을 때, 어머니 망령 부릴 때, 연수 시집갈 때, 정수 대학 갈 때, 그놈 졸업할 때, 설날 지짐이 할 때, 추석날 송편 빚을 때, 아플 때, 외로울 때.

인희　(눈물이 그렁그렁하고, 괜한 옷섶만 만지고 두리번거리며) 당신, 빨리 와. 나 심심하지 않게. (눈물이 주룩 흐른다.)

정철　(인희를 안고, 눈물 흘린다.)

인희　(울며 웃으며) 여보, 나 이쁘면 뽀뽀나 한번 해 줘라.

정철　(인희 얼굴을 손으로 안고, 입을 맞춰 준다.)

－ 노희경, 〈세상에서 가장 아름다운 이별〉

체크 4-1

윗글에 대한 설명으로 가장 적절한 것은?

① 장면의 전환이 자유롭지 않다.

② 무대 상연을 목적으로 쓰인 글이다.

③ 장면의 의미를 해설하는 서술자가 있다.

④ 희곡에 비해 시간적·공간적 제약을 덜 받는다.

⑤ 희곡에 비해 한 장면에 등장할 수 있는 인물의 수가 제한적이다.

도움말

윗글은 영화 상영을 전제로 쓰인 시나리오이다. 이러한 시나리오는 무대 상연을 전제하는 희곡에 비해 시간적·공간적 제약이 적다.

4-2

윗글에 대한 학생의 반응으로 적절하지 <u>않은</u> 것은?

① 윗글은 장면을 구성 단위로 하는군.

② 윗글은 연극 상연을 전제로 하는 글이군.

③ 윗글의 S# 73을 촬영하는 장소는 '침실'이겠군.

④ 윗글은 배우의 대사와 행동으로 내용을 전개하고 있군.

⑤ '인희', '정철' 역을 연기하는 배우는 연기하기 전에 지시문을 주의 깊게 봐야 하겠군.

개념 1 음운 변동 ① 음운의 교체

비음화	비음이 아닌 자음이 비음 'ㄴ, ㅁ, ㅇ'의 영향을 받아 ❶ 으로 바뀌어 발음되는 현상
유음화	'ㄴ'이 앞이나 뒤에 오는 유음 'ㄹ'의 영향을 받아 유음 [ㄹ]로 바꾸어 발음되는 현상
구개음화	'ㄷ, ㅌ'이 모음 'ㅣ'나 반모음 'ㅣ'로 시작하는 형식 형태소 앞에서 구개음인 [ㅈ, ㅊ]으로 바뀌어 발음되는 현상
된소리되기	예사소리가 된소리로 바뀌어 발음되는 현상
음절의 끝소리 규칙	❷ 의 끝소리가 'ㄱ, ㄴ, ㄷ, ㄹ, ㅁ, ㅂ, ㅇ' 중 하나로 발음되는 현상

보기

> 우린 진짜 별나대[별라대]

➡ '별나대[별라대]'는 'ㄴ'이 유음 'ㄹ'의 영향을 받아 유음 [ㄹ]로 교체되어 발음됨.

답 | ❶비음 ❷음절

개념 2 음운 변동 ② 음운의 탈락

자음군 단순화	음절 끝에서 겹받침의 ❶ 가운데 하나가 탈락하여 하나만 발음되는 현상
'ㄹ' 탈락	'ㄹ'로 끝나는 용언의 어간이 'ㄴ, ㅅ' 등으로 시작하는 어미를 만날 때 'ㄹ'이 탈락하는 현상
'ㅎ' 탈락	'ㅎ'으로 끝나는 용언의 어간이나 어근이 모음으로 시작하는 어미나 접미사를 만날 때 'ㅎ'이 탈락하는 현상
모음 탈락	어간 끝 ❷ 'ㅡ'나 'ㅏ/ㅓ'가 'ㅏ/ㅓ'로 시작하는 어미 앞에서 탈락하는 현상

보기

> 너와 함께라면 난 겁이 없지[업찌]

➡ '없지[업찌]'는 겹받침 'ㅄ' 중에서 'ㅅ'이 탈락하고, 이어지는 예사소리 'ㅈ'이 된소리 [ㅉ]으로 바뀌어 발음됨.

답 | ❶자음 ❷모음

개념 3 음운 변동 ③ 음운의 축약 ④ 음운의 첨가

○ **음운의 축약**

거센소리 되기	예사소리인 'ㄱ, ㄷ, ㅂ, ㅈ'이 앞이나 뒤에서 'ㅎ'을 만나 거센소리인 [❶ , ㅌ, ㅍ, ㅊ]으로 발음되는 현상

○ **음운의 첨가**

'ㄴ' 첨가	합성어 및 파생어에서 앞 단어나 접두사의 끝이 자음이고 뒤 단어나 접미사의 첫음절이 '이, 야, 여, 요, 유'인 경우 '❷ '을 첨가하여 [니, 냐, 녀, 뇨, 뉴]로 발음되는 현상

보기

> 집에서 학교까지 어떻게[어떠케] 가요?

➡ '어떻게[어떠케]'는 'ㅎ'과 예사소리 'ㄱ'이 만나 거센소리 [ㅋ]으로 축약되어 발음됨.

답 | ❶ㅋ ❷ㄴ

확인 1-1

다음 단어에 일어난 음운 변동을 찾아 연결하시오.

(1) 꽃[꼳] •　　　　 • ① 비음화

(2) 국민[궁민] •　　　　 • ② 음절의 끝소리 규칙

풀이 | (1) 꽃[꼳]은 음절의 끝소리 규칙에 따라 종성의 'ㅊ'이 [❶　　]으로 교체되어 발음된다.
(2) 국민[궁민]에는 종성의 'ㄱ'이 뒤의 비음 'ㅁ'의 영향을 받아 비음 '❷　　'으로 교체되어 발음되는 비음화가 일어난다.

답 | (1) ② (2) ① / ❶ ㄷ ❷ ㅇ

1-2 제시된 단어의 발음을 보기에서 찾아 쓰시오.

보기

[만형]	[마텽]	[맏텽]
[낟]	[난]	[낫]

(1) 맏형 [　　　]
(2) 낫 [　　　]

확인 2-1

빈칸에 들어갈 알맞은 말을 고르시오.

(1) 자음군 단순화는 음운의 (탈락 / 축약) 현상이다.
(2) '크- + -어 → [커]'는 (자음 / 모음) 탈락 현상이 일어난 것이다.
(3) '삶[삼]'에서 탈락되는 자음은 '(ㄱ / ㅅ)'이다.

풀이 | (1) ❶　　 단순화는 음운의 탈락 현상이다.
(2) '크- + -어 → [커]'에서는 모음 'ㅡ'가 탈락한다.
(3) '삶[삼]'에서는 ❷　　 'ㄻ' 중 'ㅅ'이 탈락한다.

답 | (1) 탈락 (2) 모음 (3) ㅅ / ❶ 자음군 ❷ 겹받침

2-2 밑줄 친 부분에 나타난 음운 변동 현상으로 적절한 것은?

하늘을 <u>나는</u> 새처럼

① 'ㄹ' 탈락　　② 모음 탈락　　③ 자음군 단순화

확인 3-1

다음에 일어난 음운 변동을 보기에서 찾아 쓰시오.

보기

'ㄴ' 첨가　　　거센소리되기

(1) 축하[추카]: (　　　　)
(2) 솜이불[솜니불]: (　　　　)

풀이 | (1) 축하[추카]에는 예사소리 'ㄱ'이 'ㅎ'을 만나 거센소리 [❶　　]으로 축약되어 발음되는 거센소리되기가 일어난다.
(2) 솜이불[솜니불]은 ❷　　이며, 앞 단어의 끝이 자음이고 뒤 단어의 첫음절이 '이'이기 때문에 'ㄴ' 첨가가 일어난다.

답 | (1) 거센소리되기 (2) 'ㄴ' 첨가 / ❶ ㅋ ❷ 합성어

3-2 ㉠, ㉡에 들어갈 음운 변동 현상을 바르게 짝지은 것은?

색연필 → [색년필] → [생년필]
　　　　㉠　　　　㉡

	㉠	㉡
①	유음화	'ㄴ' 첨가
②	'ㄴ' 첨가	비음화
③	거센소리되기	구개음화

개념 총정리

2강

개념 4 문장 성분

○ **개념**: 문장 안에서 일정한 문법적 기능을 하는 각 부분

주성분	• 주어 • 서술어 • ❶ ⬚ • 보어('되다, 아니다' 앞에 나타나는 문장 성분)
❷ ⬚ 성분	• 관형어 • 부사어
독립 성분	독립어

보기

> 나는 너를 좋아해.
> 주어 목적어 서술어

➡ '나는 너를 좋아해.'는 '주어+목적어+서술어'로 구성된 문장임.

답 | ❶ 목적어 ❷ 부속

개념 5 높임 표현

주체 높임법	• 문장의 주어가 지시하는 대상, 즉 서술의 주체를 높이는 방법 • 선어말 어미 '-(으)시-', 주격 조사 '께서', 특수 어휘 '계시다, 주무시다, 잡수시다' 등을 사용함. • 주체를 직접 높이거나(직접 높임), 주체와 관계있는 대상을 높임으로써 주체를 간접적으로 높임(❶ ⬚ 높임).
객체 높임법	• 문장의 목적어나 ❷ ⬚ 가 지시하는 대상, 즉 서술의 객체를 높이는 방법 • 부사격 조사 '께', 특수 어휘 '모시다, 드리다, 뵙다, 여쭙다' 등을 사용함.
상대 높임법	• 말하는 이가 듣는 이를 높이거나 낮추어 표현하는 높임법 • 문장의 종결 표현을 통해 실현됨.

보기

> 아드님의 이름이 뭐예요?

➡ '아드님'은 주어와 관계있는 대상인 '아들'을 높이는 간접 높임(주체 높임법)이며, 위 문장은 종결 표현인 보조사 '요'를 통해 상대 높임법을 실현하고 있음.

답 | ❶ 간접 ❷ 부사어

개념 6 중세 국어

• 일반적으로 소리 나는 대로 이어적기(연철)를 함.
• 소리의 높낮이로 단어의 뜻을 구별하는 성조가 존재하였으며, 글자 왼쪽에 방점을 찍어 표시함.
• 음절의 첫머리에 두 개 이상의 ❶ ⬚ 이 오는 어두 자음군이 존재함.
• 관형격 조사는 '의/의'와 'ㅅ'이 쓰임.
• 비교를 나타내는 부사격 조사로 '에'가 쓰임.
• ❷ ⬚ 높임 선어말 어미로 '-숩-/-줍-/-숩-'이 사용됨.

보기

[중세 국어] 나·랏:말쏘·미中듕國·귁·에 달·아
[현대어 풀이] 우리나라의 말이 중국과 달라

➡ 소리 나는 대로 이어적기를 하고, 성조를 방점으로 표시하고, 관형격 조사로 'ㅅ', 비교를 나타내는 부사격 조사로 '에'를 사용하는 등 중세 국어의 특징이 나타남.

답 | ❶ 자음 ❷ 객체

개념 확인

확인 4-1

제시된 문장 성분을 적절하게 연결하시오.

(1) [주어, 서술어, 목적어, 보어] •   • ① [주성분]

(2) [관형어, 부사어] •   • ② [독립 성분]

(3) [독립어] •   • ③ [부속 성분]

> **풀이 |** (1)~(3) 국어의 문장 성분은 주성분(주어, 서술어, 목적어, ❶☐☐☐), 부속 성분(❷☐☐☐, 부사어), 독립 성분(독립어)으로 나뉜다.

답 | (1) ① (2) ③ (3) ② / ❶ 보어 ❷ 관형어

4-2 보기를 참고하여 빈칸에 들어갈 알맞은 말을 고르시오.

> ┤보기├
> 고양이가 사료를 먹는다.

(1) 서술어는 (고양이가 / 먹는다)이다.

(2) 위 문장은 (주성분 / 독립 성분)만으로 이루어져 있다.

확인 5-1

빈칸에 들어갈 알맞은 높임 표현을 고르시오.

(1) 할머니께 수박을 (줬다 / 드렸다).

(2) 아버지는 집에 (있다 / 계신다).

(3) 네가 가서 선생님을 (데리고 / 모시고) 오렴.

> **풀이 |** (1) 서술의 객체(할머니)를 높여야 하므로 특수 어휘 '드리다'를 사용해야 한다. (2) 서술의 주체(❶☐☐☐)를 높여야 하므로 특수 어휘 '계시다'를 사용해야 한다. (3) 서술의 객체(선생님)를 높여야 하므로 ❷☐☐ ☐☐ '모시다'를 사용해야 한다.

답 | (1) 드렸다 (2) 계신다 (3) 모시고 / ❶ 아버지 ❷ 특수 어휘

5-2 보기의 ㉠~㉡에 들어갈 말을 바르게 짝지은 것은?

> ┤보기├
> [상황 1] 교수님(㉠) 말씀하시겠습니다.
> [상황 2] 서영아, 너 선생님께서 (㉡).

	㉠	㉡
①	이	오라고 하셔
②	께서	오래
③	께서	오라고 하셔

확인 6-1

빈칸에 들어갈 알맞은 말을 고르시오.

(1) 중세 국어는 소리 나는 대로 (이어적기 / 끊어적기)를 했다.

(2) 중세 국어는 비교를 나타내는 부사격 조사로 (에 / 보다)를 사용했다.

(3) 중세 국어는 관형격 조사로 (ㅅ / 이)을 사용했다.

> **풀이 |** (1) 중세 국어는 소리 나는 대로 이어적기(❶☐☐)를 했다.
> (2) 중세 국어에서 ❷☐☐를 나타내는 부사격 조사는 '에'이다.
> (3) 중세 국어는 관형격 조사로 '익/의'와 'ㅅ'을 썼다.

답 | (1) 이어적기 (2) 에 (3) ㅅ / ❶ 연철 ❷ 비교

6-2 보기를 탐구한 설명으로 적절하지 않은 것은?

> ┤보기├
> ·이런 젼·ᄎ·로 어·린 百·빅姓·셩·이 니르·고·져
> ·홇·배 이·셔·도 ᄆᆞᄎᆞᆷ:내 제 ·ᄠᅳ·들 시·러 펴·디
> [현대어 풀이] 이런 까닭으로 어리석은 백성이 말하고자 하는 바가 있어도 마침내 제 뜻을 능히 펴지

① '·이런'을 보니 성조를 방점으로 표시했군.

② '·ᄠᅳ·들'을 보니 어두에 두 개 이상의 자음을 나란히 썼군.

③ '어·린 百·빅姓·셩·이'를 보니 객체 높임 선어말 어미 '이'를 썼군.

체크 1-1

단어에 일어난 음운 변동 현상이 잘못 연결된 것은?

① 밥물[밤물]: 비음화
② 달님[달림]: 유음화
③ 굳이[구지]: 구개음화
④ 빚[빋]: 자음군 단순화
⑤ 잡곡[잡꼭]: 된소리되기

도움말

'음절의 끝소리가 'ㄱ, ㄴ, ㄷ, ㄹ, ㅁ, ㅂ, ㅇ' 중 하나로 발음되는 현상'을 음절의 끝소리 규칙이라고 한다.

1-2

다음 표준 발음법 규정에서 확인할 수 있는 음운 변동이 나타나지 않는 것은?

> 제24항 어간 받침 'ㄴ(ㄵ), ㅁ(ㄻ)' 뒤에 결합되는 어미의 첫소리 'ㄱ, ㄷ, ㅅ, ㅈ'은 된소리로 발음한다.

① 앉다[안따]
② 젊지[점ː찌]
③ 안다[안ː따]
④ 더듬지[더듬찌]
⑤ 까지다[까지다]

체크 2-1

다음 단어에서 탈락하는 음운을 잘못 파악한 것은?

① '울- + -는 → 우는[우는]': ㄹ
② '가- + -아라 → 가라[가라]': 'ㅏ'
③ '담그- + - 아 → 담가[담가]': 'ㅡ'
④ '낳- + -은 → 낳은[나은]': ㅎ
⑤ '나서- + -어서 → 나서서[나서서]': 'ㅓ'

도움말

'ㅎ'으로 끝나는 용언의 어간은 모음으로 시작하는 어미를 만날 때 'ㅎ'이 탈락한다.

2-2

밑줄 친 부분이 다음에서 설명하는 내용의 예로 적절한 것은?

> 음운의 변동 중에서 원래 있던 음운이 없어지는 것을 음운의 탈락이라고 한다.

① 맨입으로?
② 너 벌써 자?
③ 그 노래 듣지 마.
④ 설날에 떡국을 먹는다.
⑤ 굳이 갈 필요는 없다.

체크 3-1

다음 단어에 나타난 음운의 변동 현상으로 적절한 것은?

> • 입학[이팍]   • 밝히다[발키다]

① 연음 현상
② 음운의 교체
③ 음운의 탈락
④ 음운의 축약
⑤ 음운의 첨가

도움말

예사소리 'ㄱ, ㄷ, ㅂ, ㅈ'는 앞이나 뒤에서 'ㅎ'을 만나면 거센소리 [ㅋ, ㅌ, ㅍ, ㅊ]로 축약되어 발음된다.

3-2

다음 표준 발음법 규정에 해당하는 예로 적절하지 않은 것은?

> 제12항 [붙임 1]
> 받침 'ㄱ(ㄺ), ㄷ, ㅂ(ㄼ), ㅈ(ㄵ)'이 뒤 음절 첫소리 'ㅎ'과 결합되는 경우에도, 역시 두 음을 합쳐서 [ㅋ, ㅌ, ㅍ, ㅊ]으로 발음한다.

① 각하
② 축하
③ 커피
④ 굽히다
⑤ 밟히다

체크 **4-1**

|보기|의 문장 성분을 적절하게 분석한 것은?

┌보기┐
아아, 비행기가 빠르게 난다.
└──┘

① 보어는 '난다'이다.
② 서술어는 '아아'이다.
③ 목적어는 '빠르게'이다.
④ 주어는 '비행기가'이다.
⑤ 독립어는 문장 전체이다.

도움말

〈보기〉의 문장은 '독립어+주어+부사어+서술어'로 이루어져 있다.

4-2

밑줄 친 부분의 문장 성분을 바르게 짝지은 것은?

┌─────────────┐
물이 얼음이 되다.
　ⓖ　　ⓛ
└─────────────┘

	ⓖ	ⓛ
①	보어	주어
②	주어	보어
③	보어	관형어
④	주어	목적어
⑤	부사어	서술어

체크 **5-1**

높임 표현에 대한 설명으로 적절하지 **않은** 것은?

① 상대 높임법은 주로 종결 표현을 통해 실현된다.
② 듣는 이나 다른 대상을 낮추는 경우에도 높임법이 실현
　될 수 있다.
③ 주체 높임법은 주체와 관련 있는 대상을 높임으로써 실
　현되기도 한다.
④ 객체 높임법은 주체 높임법과 달리 특수한 어휘를 사용
　하여 실현된다.
⑤ 객체 높임법은 문장의 목적어나 부사어가 지시하는 대상
　을 높이는 방법이다.

도움말

주체 높임법과 객체 높임법 모두 특수 어휘를 사용하여 대상을 높인다.

5-2

|보기|의 높임 표현을 분석한 내용으로 적절하지 **않은** 것은?

┌보기┐
아버지, 어머니께서 할머니를 모시고 병원에 가셨어요.
└──┘

① 해요체를 사용하여 '아버지'를 높이고 있다.
② 주격 조사 '께서'를 사용해 '어머니'를 높이고 있다.
③ 선어말 어미 '-시-'를 사용해 '아버지'를 높이고 있다.
④ '모시다'라는 특수 어휘를 사용해 '할머니'를 높이고 있다.
⑤ 말하는 이는 주체 높임 표현, 객체 높임 표현, 상대 높임 표
　현을 모두 사용하고 있다.

체크 **6-1**

|보기|를 참고할 때, 어두 자음군이 쓰인 것은?

┌보기┐
첫소리를 어울워 뚫디면 글바 쓰라
[초성 글자를 합하여 쓸 때는 나란히 쓰라.]
└──┘

① 사룸　　② 니겨　　③ 뿌메
④ 젼츠　　⑤ 빅셩

도움말

어두 자음군은 음절의 첫머리에 두 개 이상의 자음이 오는 것을 말한다.

6-2

|보기|의 자료를 탐구한 것으로 적절하지 **않은** 것은?

┌보기┐
• 불·휘기·픈 [뿌리가 깊은]
• ·날·로·뿌·메 [날마다 쓰는 데]
└──┘

① 현대 국어와 달리 이어적기를 했다.
② 음절의 첫머리에 어두 자음군이 쓰였다.
③ 현대 국어와 달리 띄어쓰기를 하지 않았다.
④ 현대 국어와 달리 '뿌리'를 '불·휘'로 적었다.
⑤ '기·픈'의 의미는 현대 국어의 '깊은'과 다르다.

체크 7-1

다음과 같은 음운 변동이 일어나는 단어의 예시로 적절하지 않은 것은?

국화[구콰]

① 놓아   ② 맏형   ③ 목화
④ 눕히다   ⑤ 꽂히다

도움말

국화[구콰]에는 거센소리되기가 일어난다.

7-2

다음 설명을 참고할 때 음운 변동의 종류가 <u>다른</u> 하나는?

> 음운이 놓이는 환경에 따라 다르게 발음되는 현상을 음운 변동이라고 하는데, 국어의 음운 변동은 일반적으로 교체, 탈락, 첨가, 축약으로 나눌 수 있다.

① 비음화   ② 유음화
③ 구개음화   ④ 된소리되기
⑤ 거센소리되기

체크 8-1

다음 표준 발음법 규정에 해당하는 예로 적절한 것은?

> 제23항
> 받침 'ㄱ(ㄲ, ㅋ, ㄳ, ㄹ), ㄷ(ㅅ, ㅆ, ㅈ, ㅊ, ㅌ), ㅂ(ㅍ, ㄼ, ㄿ, ㅄ)' 뒤에 연결되는 'ㄱ, ㄷ, ㅂ, ㅅ, ㅈ'은 된소리로 발음한다.

① 감기   ② 신라   ③ 국물
④ 국밥   ⑤ 미닫이

도움말

표준 발음법 제23항은 된소리되기와 관련한 규정이다.

8-2

밑줄 친 부분이 제시된 표준 발음법 규정에 해당하는 예로 적절하지 <u>않은</u> 것은?

> 제20항
> 'ㄴ'은 'ㄹ'의 앞이나 뒤에서 [ㄹ]로 발음한다.

① 칼<u>날</u>이 날카롭다.
② 날이 추워서 <u>난로</u>를 켰다.
③ 장마 때문에 물<u>난</u>리가 났다.
④ 대<u>관령</u> 목장으로 소풍을 간다.
⑤ 총 <u>여덟</u> 명이 지각을 하지 않았다.

체크 9-1

│보기│의 대화에 대한 설명으로 적절하지 <u>않은</u> 것은?

┌─보기─────────────────┐
어머니: 도영아, 할아버지께서는 집에 계시니?
도영: 아까 할머니를 모시고 나가셨어요.
└──────────────────────┘

① '도영'은 대화 상황을 고려하여 비격식체를 사용하고 있다.

② '도영'은 보조사 '요'를 사용하여 청자인 '어머니'를 높이고 있다.

③ '어머니'는 문장의 주체를 높이기 위한 주격 조사를 사용하고 있다.

④ '도영'은 선어말 어미 '-시-'를 사용하여 '할아버지'를 높이고 있다.

⑤ '도영'과 '어머니'는 모두 특수한 어휘를 사용하여 문장의 객체를 높이고 있다.

도움말

어머니가 특수 어휘 '계시다'를 사용해 높이고 있는 할아버지는 문장의 주체이다.

9-2

문장에 사용된 높임 표현을 바르게 파악한 것은?

① 아버지께서 들어오셨다.

→ 주격 조사 '께서'를 사용하여 문장의 객체를 높이고 있다.

② 수연아, 선생님께서 언제 오셨니?

→ 선어말 어미 '-시-'를 사용하여 대화 상대를 높이고 있다.

③ 네가 가서 할머니를 모시고 오너라.

→ 특수 어휘 '모시다'를 사용하여 문장의 주체를 높이고 있다.

④ 김 선생님, 오늘 날씨가 매우 좋군요.

→ 종결 어미 '-요'를 사용하여 문장의 주체를 높이고 있다.

⑤ 내일은 제가 좀 더 일찍 나오겠습니다.

→ 자신을 낮추는 말인 '저'를 사용하여 대화 상대를 높이고 있다.

체크 10-1

│보기│의 자료를 보고 중세 국어의 특징을 탐구한 내용으로 적절하지 <u>않은</u> 것은?

┌─보기─────────────────┐
불·휘기·픈남·ᄀᆞᆫ·ᄅᆞ·매아·니:뮐·ᄊᆡ곶:됴·코여·름·하ᄂᆞ·니

[뿌리가 깊은 나무는 바람에 아니 움직이므로 꽃 좋고 열매 많으니]
└──────────────────────┘

① 띄어쓰기를 하지 않았다.

② 방점을 찍어 성조를 나타내었다.

③ 오늘날 사용하지 않는 모음자를 사용하였다.

④ 소리 나는 대로 적는 표기 방법을 사용하였다.

⑤ 오늘날에 비해 한자어의 사용이 두드러지게 나타난다.

도움말

중세 국어에서는 오늘날에 비해 고유어를 많이 사용하였다.

10-2

중세 국어의 특징에 대한 설명으로 적절하지 <u>않은</u> 것은?

① 이어적기 방식으로 표기하였다.

② 모음 조화가 비교적 잘 지켜졌다.

③ 소리의 높낮이를 통해 의미를 구별하였다.

④ 단어 첫머리에 여러 개의 자음이 올 수 있었다.

⑤ 현대 국어와 달리 객체 높임 선어말 어미가 없었다.

개념 총정리

개념 1 읽기의 개념과 특성

○ **개념**: 글을 읽는 과정에서 자신의 **❶**〔   〕과 가치관(배경지식)을 바탕으로 의미를 구성하는 행위

○ **특성**: 글 읽기를 통해 **❷**〔   〕를 해결하고, 다른 사람과 서로 영향을 주고받으며 사회적으로 소통할 수 있음.

답| ❶ 경험 ❷ 문제

보기

독자
•의미 구성
•문제 해결
•타인과의 의사 소통

글쓴이 ➡ 글 ⬅

➡ 읽기는 글을 매개로 한 글쓴이와 독자 사이의 의사소통 행위임.

개념 2 사회적 상호 작용으로서의 읽기

○ **개념**: 읽기 과정에서 독자가 속한 구체적인 상황과 사회·문화적인 맥락 속에서 다른 구성원들과 **❶**〔   〕하며 글의 의미를 만들어 가는 것

○ **특성**: 독자는 글을 읽으며 갖게 된 자신의 생각을 다른 사람과 나누면서 서로 영향을 주고받는데, 이러한 과정에서 **❷**〔   〕이 형성됨.

답| ❶ 상호 작용 ❷ 여론

보기

　　원래 경복궁은 광화문 – 근정전 – 사정전 – 강녕전 – 교태전이 남북으로 일직선 상에 놓여 관악산을 바라보고 있었습니다. 〈중략〉 그런데 일제가 조선총독부를 경복궁 안 근정전 바로 앞에 세우면서, 광화문을 삐딱하게 비틀어 관악산이 아닌 남산을 바라보게 만들었습니다.

– 문화재청 엮음, 〈조선의 얼, 광화문〉

➡ 독자는 이 글을 읽고 '광화문의 역사'에 대한 자신의 생각을 다른 사람과 공유하고 나아가 여론을 형성할 수도 있음.

개념 3 문제 해결 과정으로서의 읽기

○ **개념**: 비판적 독서를 통해 독자 자신이나 사회가 안고 있는 문제들에 대한 **❶**〔   〕의 실마리를 얻는 과정

○ **특성**: 글쓴이의 관점이나 생각을 비판하고 다양한 **❷**〔   〕을 마련하며 읽는 능력을 기를 수 있음.

답| ❶ 해결 ❷ 대안

보기

　　거대한 변화의 물결 속에서 미숙련 노동자의 앞날은 더 암울하다. 산업 사회는 이들에게 단순 노무나 판매직 같은 제조업, 서비스업의 일자리를 제공했지만, 앞으로 미숙련 노동자들은 로봇과 자동화에 밀려 평생 일자리를 갖지 못하는 재앙을 만날 수도 있다.

– 구본권, 〈로봇 시대와 인간의 일〉

➡ 독자는 이 글을 읽고 글쓴이의 생각이나 주장을 비판하고, 이를 보완하거나 대체할 수 있는 창의적 방안을 마련하기도 함.

개념 확인

확인 1-1

빈칸에 들어갈 말을 │보기│에서 찾아 쓰시오.

┌─보기─────────────────────┐
│　　　　소통　　　　　　가치관　　　　　│
└──────────────────────────┘

(1) 읽기는 글을 읽는 과정에서 자신의 경험과 (　　　　)을 바탕으로 의미를 구성하는 행위이다.

(2) 읽기 활동을 통해 다른 사람과 서로 영향을 주고받으며 사회적으로 (　　　)할 수 있다.

풀이 | (1) 읽기는 글을 읽는 과정에서 자신의 경험과 가치관(배경지식)을 바탕으로 ❶　　　를 구성하는 행위를 말한다.

(2) 읽기는 다른 사람과 서로 ❷　　　을 주고받으며 소통하는 사회적 상호 작용을 의미한다.

답 | (1) 가치관　(2) 소통／❶ 의미　❷ 영향

1-2 다음 글의 내용을 정확하게 이해하지 못했다고 할 때, 독자에게 부족한 것은?

> 최첨단 알고리즘과 빅데이터로 무장한 AI의 잠재적 위협은 할리우드 SF 영화의 단골 소재다. 인간의 지능을 뛰어넘어 의식까지 갖춘 슈퍼 AI 로봇이 인류를 파멸에 이르게 한다는 디스토피아적 상상은 어제오늘 얘기가 아니다.
>
> – 배명복, 〈키신저, "AI 위협 방치하면…"〉, 《중앙일보》(2018. 8. 2.)

① 소재
② 가치관
③ 배경지식

확인 2-1

빈칸에 들어갈 알맞은 말을 고르시오.

(1) 읽기 과정에서 독자는 자신이 속한 구체적인 상황과 사회·문화적인 (해결 / 맥락) 속에서 다른 구성원들과 상호 작용하며 글의 의미를 만들어 간다.

(2) 독자는 글을 읽으면서 자신의 (생각 / 여론)을 형성하고 이것을 다른 사람과 나누면서 서로 영향을 주고받는다.

풀이 | (1) 사회적 ❶　　　으로서의 읽기는 독자가 속한 구체적인 상황과 사회·문화적인 맥락 속에서 다른 구성원들과 상호 작용하며 글의 의미를 만들어 가는 것이다.

(2) 독자는 글을 읽으면서 형성한 자신의 생각을 다른 사람과 나누면서 서로 영향을 주고받으며 ❷　　　을 형성할 수 있다.

답 | (1) 맥락　(2) 생각／❶ 상호 작용　❷ 여론

2-2 다음 내용과 관련이 있는 읽기의 특성에 해당하는 것은?

> 병수는 《삼국지》를 읽으면서 자신의 생각과 다른 부분에 대해 친구들과 이야기를 나누며 서로의 생각을 확인하였다.

① 문제 해결 과정으로서의 읽기
② 진로 탐색 과정으로서의 읽기
③ 사회적 상호 작용으로서의 읽기

확인 3-1

다음 내용과 관련 깊은 읽기의 특성을 쓰시오.

> 독자는 비판적 독서를 통해 자신의 삶에서 마주하는 문제나 사회가 안고 있는 문제들에 대한 해결의 실마리를 얻기도 한다.

풀이 | 문제 해결 과정으로서의 읽기는 ❶　　　 독서를 통해 독자 자신이나 사회가 안고 있는 ❷　　　들에 대한 해결의 실마리를 얻는 과정이다.

답 | 문제 해결 과정으로서의 읽기／❶ 비판적　❷ 문제

3-2 다음 대화에서 선생님의 대답으로 적절한 것은?

> 학생: 선생님, 저는 이 글의 글쓴이와 생각이 다른데요. 그냥 글의 내용을 받아들여야 하는 건가요?
> 선생님: 그럴 필요 없지. (　　　　　　　　　　　)

① 권위 있는 전문가의 글이니까.
② 읽기는 지식을 확장해 주는 활동이니까.
③ 읽기란 너의 생각을 바탕으로 글의 내용을 비판하는 활동이기도 하니까.

개념 4   목적에 따른 읽기

읽기 목적	읽기 방법
지식이나 정보 습득	• 전체 내용을 훑으며 필요한 정보 파악하기 • 소제목, 문단 핵심어를 중심으로 주요 내용 요약하기 • 정보의 근거 및 자료의 출처 파악하기
재미, 감동, 깨달음	• 글쓴이의 체험, 상상 등에 ❶ ____ 하기 • 감동을 주는 부분을 찾아 내면화하기 • 인물, 글쓴이의 개인적·시대적 배경 등과 관련지어 감상하기
내용·주장의 적절성 평가	• 사실과 의견 구분하기 • 주장의 타당성, ❷ ____ 의 적절성 평가하기 • 공감할 부분이나 반박할 부분을 찾아 글쓴이의 생각 평가하기

보기

```
읽기    ┬─ 지식이나 정보 습득
목적    ├─ 재미, 감동, 깨달음
        └─ 내용·주장의 적절성 평가
```

➡ 목적에 따른 읽기에는 크게 세 가지 방법이 있으며, 목적에 따라 적절한 읽기 방법을 선택해야 함.

답 | ❶ 공감   ❷ 근거

개념 5   매체에 따른 읽기

○ **개념:** 신문, 광고, 텔레비전 등의 매체에서 드러난 글쓴이의 관점이나 표현 방법의 ❶ ____ 을 평가하며 읽기

○ **매체 자료의 적절성을 평가하며 읽기**
- 매체 자료를 생산한 주체는 누구인가?
- 매체 자료는 누구를 대상으로 정보를 생산하는가?
- 객관적인 ❷ ____ 에 근거한 내용인가?
- 글쓴이의 관점이나 의도가 타당하고 적절한가?
- 함께 수록된 시각적 이미지, 도표, 자료의 배치 방식은 적절한가?

보기

매체	종류
인쇄 매체	책, 신문, 잡지 등
방송 매체	라디오, 텔레비전 등
디지털 통신 매체	누리집, 블로그, 누리 소통망(SNS) 등

➡ 매체 종류에 따라 알맞은 읽기 방법을 활용하여 매체 자료의 적절성을 평가하며 읽어야 함.

답 | ❶ 적절성   ❷ 사실

개념 6   과정 점검하며 읽기

○ **특성:** 읽기 ❶ ____ 을 고려하여 읽기 방법을 점검·조정하면서 글을 읽는 방법

○ **읽기 과정에 따라 점검·조정하며 읽기**

읽기 과정	읽기 방법
읽기 전	읽기 목적을 확인하고, 글의 제목과 소제목, 사진 등을 훑어보며 질문을 만들고, 내용을 예측함.
읽기 중	다양한 읽기 ❷ ____ 을 사용하여 글의 의미를 이해함.
읽기 후	글 전체의 내용을 요약하고, 새로 알게 된 내용의 활용 방안을 생각함.

보기

읽기 과정 점검 항목
글을 읽는 목적과 글의 특성을 고려하여 적절한 방법으로 글을 읽었는가?
읽기 과정에서 자신의 읽기 방법이 적절한지 점검하였는가?
읽기 과정에서 어려움을 겪었을 때 읽기 방법을 조정하여 그 어려움을 해결하였는가?
읽기 목적을 달성하였는가?

➡ 읽기 전·중·후 활동에 따라 읽기 방법을 점검하고 조정해야 함.

답 | ❶ 목적   ❷ 전략

확인 4-1

목적에 따른 읽기 방법으로 관련 깊은 것끼리 연결하시오.

(1) 지식이나 정보 습득을 위한 읽기 •

(2) 내용·주장의 적절성 평가를 위한 읽기 •

• ① 사실과 의견 구분하기

• ② 전체 내용을 훑으며 필요한 정보 파악하기

풀이 | (1) 지식이나 정보 습득을 위한 읽기는 전체 **❶**[　　]을 훑으며 필요한 정보를 파악하면서 읽어야 한다. (2) 내용·주장의 적절성 평가를 위한 읽기는 사실과 **❷**[　　]을 구분하며 읽어야 한다.

답 | (1) ② (2) ① / ❶ 내용 ❷ 의견

4-2 다음과 같은 방법으로 읽어야 하는 글의 종류에 해당하는 것은?

• 글쓴이의 체험, 상상 등에 공감하기
• 감동을 주는 부분을 찾아 내면화하기
• 인물, 글쓴이의 개인적·시대적 배경 등과 관련지어 감상하기

① 사설
② 기사문
③ 예술 비평문

확인 5-1

빈칸에 들어갈 알맞은 말을 고르시오.

(1) 매체에 실린 글을 읽을 때는 글쓴이의 관점이나 (인쇄 / 표현) 방법의 적절성을 판단하며 읽어야 한다.
(2) 매체 자료의 적절성을 판단하며 읽을 때는 매체 자료를 생산한 (독자 / 주체)가 누구인지 파악해야 한다.

풀이 | (1) 매체에 실린 글을 읽을 때는 매체에 드러난 글쓴이의 **❶**[　　]이나 표현 방법의 적절성을 판단하며 읽어야 한다.
(2) 매체 자료의 적절성을 판단하며 읽을 때는 매체 **❷**[　　]를 생산한 주체가 누구인지 파악하며 읽어야 한다.

답 | (1) 표현 (2) 주체 / ❶ 관점 ❷ 자료

5-2 보기와 관련 깊은 읽기의 방법은?

┤보기├
• 매체 자료를 생산한 주체는 누구인가?
• 매체 자료는 누구를 대상으로 정보를 생산하는가?
• 객관적인 사실에 근거한 내용인가?

① 목적에 따른 읽기
② 매체에 따른 읽기
③ 과정 점검하며 읽기

확인 6-1

빈칸에 들어갈 말을 보기와 관련 깊은 개념은?

┤보기├
내용　　　읽기 방법

(1) 읽기 목적을 고려하여 (　　　)을 점검·조정하면서 글을 읽는 방법을 '과정 점검하며 읽기'라고 한다.
(2) 읽기 전에 읽기 방법을 점검·조정할 때는 질문을 만들고 (　　　)을 예측하며 읽어야 한다.

풀이 | '❶[　　] 점검하며 읽기'는 읽기 목적을 고려하여 읽기 방법을 점검·조정하면서 글을 읽는 방법이다.
(2) 질문을 만들고 내용을 예측하는 것은 **❷**[　　] 활동에 따라 읽기 방법을 점검·조정하는 것에 해당한다.

답 | (1) 읽기 방법 (2) 내용 / ❶ 과정 ❷ 읽기 전

6-2 읽기 과정에 따라 점검·조정하며 읽기에 대한 설명으로 적절하지 않은 것은?

① 읽기 전: 새로 알게 된 내용의 활용 방안을 생각한다.
② 읽기 중: 다양한 읽기 전략을 사용하여 글의 의미를 이해한다.
③ 읽기 후: 글 전체의 내용을 요약하고, 새로 알게 된 내용의 활용 방안을 생각해 본다.

1-1~1-2 다음 글을 읽고 물음에 답하시오.

　요즘 입학 선물이나 생일 선물로 청소년들이 선호하는 것 중의 하나가 최신형 스마트폰이라고 한다. 아니나 다를까 청소년 열 명 중 여덟 명이 스마트폰을 사용하고 있으며, 청소년의 하루 평균 스마트폰 이용 시간은 두 시간 삼십육 분인 것으로 나타났다. 하루 세 시간 이상 스마트폰을 이용한다는 청소년은 36퍼센트나 된다. 이렇게 볼 때 스마트폰이 청소년들의 일상에 미치는 영향은 절대적이라고 할 수 있다.

　스마트폰을 많이 사용한다고 해서 반드시 과도한 의존 현상에 빠져 있다고 할 수는 없다. 그러나 분명한 목적이나 계획 없이 스마트폰을 자주 사용하는 습관은 스마트폰에 과도하게 의존하는 현상, 이른바 스마트폰 중독으로 이어질 위험이 있다. 특히 자기 조절 능력이 부족한 청소년들은 스마트폰에 중독될 위험이 더 크다. 실례로 한국 정보화 진흥원의 2015년 조사 자료를 보면, 청소년의 스마트폰 중독 정도는 성인보다 더 높은 것으로 나타났다. 성인 스마트폰 이용자 중 고위험군은 2.1퍼센트, 잠재적 위험군은 11.4퍼센트이었던 것에 비해, 청소년 스마트폰 이용자 중 고위험군은 4.0퍼센트, 잠재적 위험군은 27.6퍼센트였다. 청소년 열 명 중 세 명이 스마트폰 중독 위험군에 속하는 셈인데, 이는 성인의 약 2배 수준이다. 이러한 통계는 청소년이 스마트폰 중독에 더 취약하다는 것을 보여 준다.

　또한 스마트폰에 중독된 청소년이 해가 갈수록 늘어나는 추세이다. 2015년 청소년 스마트폰 이용자 중 스마트폰 중독 위험군은 31.6퍼센트로 전년 대비 2.4퍼센트포인트 상승하였으며, 2011년 이후 매년 꾸준히 증가하고 있다.

체크 1-1

윗글을 읽고 문제 해결 과정으로서의 읽기를 할 때, 떠올릴 수 있는 생각으로 가장 적절한 것은?

① 스마트폰 사용 시간을 정확히 측정할 수 있을까?
② 청소년들은 스마트폰을 어떤 방법으로 구입할까?
③ 성인이 스마트폰 중독에 걸리는 비율은 얼마일까?
④ 청소년들의 스마트폰 중독 문제를 어떻게 해결할까?
⑤ 목적을 가지고 스마트폰을 사용하는 청소년의 비율은 얼마나 될까?

도움말

윗글은 스마트폰 중독 위험에 노출된 청소년들의 실태를 문제로 다루고 있다.

체크 1-2

윗글을 바탕으로 글쓴이가 주장할 내용으로 적절한 것은?

① 성인의 스마트폰 중독률을 다시 조사해야 한다.
② 청소년의 스마트폰 중독률을 매년 조사해야 한다.
③ 청소년의 스마트폰 중독을 막을 방법을 찾아야 한다.
④ 청소년과 성인의 스마트폰 중독 고위험군 비율 차이를 줄여야 한다.
⑤ 청소년의 스마트폰 중독 고위험군 비율을 정확하게 조사해야 한다.

도움말

윗글은 청소년들에게 스마트폰이 큰 영향을 미치고, 청소년들의 스마트폰 중독 비율이 높아지고 있다는 내용을 담고 있다.

2-1~2-2 다음 글을 읽고 물음에 답하시오.

등나무 운동장 프로젝트에서 건축가가 한 일이라곤 기껏해야 등나무가 자라나는 구조물을 만든 것에 불과하다. 나머지는 모두 자연에서 일어나는 일과 서로 긴밀하게 결합하면서 완성된다.

공설 운동장에는 많은 변화가 일어났다. 관중석 상부에 철골 구조물을 만드는 공사가 완공되고 1년이 지나면서 등나무 운동장은 서서히 무주 주민의 사랑을 받는 장소가 되었다. 등나무는 마치 집들이를 하듯 마음껏 잔치를 벌였고 그 잔치에 주민들을 초대했다. 관중석 바닥에는 조명도 설치되어 밤이 되면 등나무들이 은은하게 변신을 한다. 그리고 본부석의 콘크리트 지붕을 부드러운 막 구조물로 바꾸었고, 거기에 대형 화면을 설치했다.

매년 꽃이 피는 봄이 오면 등나무 운동장은 환상적으로 변한다. 언젠가 주민들은 이 운동장에서 영화도 감상했다. 그리고 행사나 경기가 없을 때 여기저기서 온 방문객들은 등나무 운동장의 커다란 규모와 아름다운 풍경에 압도되어 감동한다. 거기에는 결과적으로 자연의 힘이 크게 작용했지만, 또 한편으로는 절제된 건축의 힘도 작용했다. 운동장의 등나무는 철 구조와 서로 만나서 또 다른 구조체를 만들어 냈다. 등나무가 자연스럽게 자라려는 힘과 의지를 철 구조가 떠받쳐 주고 있다. 등나무의 성장하려는 힘과 그것을 떠받치는 철골의 힘은 마치 상대편의 힘을 알아차린다는 듯 서로 감응하고 있다.

이곳을 찾는 방문객에게 관중석 제일 뒷줄에 올라서서 한쪽 끝에서 한쪽 끝까지 걷기를 권유한다. 거기에서는 우리가 도심에서는 체험할 수 없는 자연의 축복을 받을 수 있다. 자연은 올해에도 어김없이 스스로 늘 그러한 풍경을 보여 줄 것이고, 내년에도 그러할 것이다.

2-1

다음은 윗글을 읽은 학생이 글쓴이와 나눈 가상의 대화이다. ㉠에 들어갈 알맞은 말은?

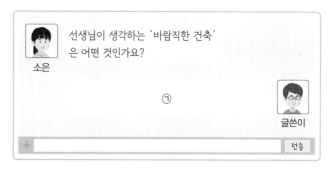

소은: 선생님이 생각하는 '바람직한 건축'은 어떤 것인가요?

㉠

글쓴이

① 인간이 자연을 초대하는 건축이지.
② 도시에서는 절대 볼 수 없는 건축인 것 같아.
③ 자연을 있는 그대로 건물로 사용하는 건축이란다.
④ 자연과 인간, 자연과 건축이 하나가 되는 건축이지.
⑤ 인간이 자연의 위협을 이겨 내고 만들어 낸 건축이야.

2-2

다음은 윗글을 읽은 학생의 읽기 활동 결과를 쓴 글이다. 이에 대한 평가로 적절한 것은?

나는 이 글을 읽고, 글쓴이의 생각에 대해 다른 사람들은 어떻게 생각하는지 알고 싶어 누리 소통망(SNS)에 글을 올리고 댓글을 받았다. 그리고 댓글 내용을 바탕으로 이 글의 의미에 대해 다시 생각해 보았더니, 처음 읽었을 때와는 조금 다른 의미로 다가왔다.

① 상대방을 설득하기 위한 읽기 활동이다.
② 문제 해결 과정으로서의 읽기 활동이다.
③ 진로 탐색 과정으로서의 읽기 활동이다.
④ 사회적 상호 작용으로서의 읽기 활동이다.
⑤ 정서 표현 및 공유 과정으로서의 읽기 활동이다.

3-1~3-2 다음 글을 읽고 물음에 답하시오.

　슈퍼마켓은 물건을 하나라도 더 팔려는 온갖 수법의 전시장과 같다. 슈퍼마켓 주인은 상품을 진열하는 방법에서 가격을 매기는 방법까지 세심하게 신경을 써 소비자들이 지갑을 열게 한다. 그들에게 가장 반가운 것은 소비자의 충동구매다. 그것은 마치 보너스와 같기 때문이다. 그래서 그들은 소비자가 어떤 물건을 보는 순간 갑자기 "이걸 꼭 사야 돼!"라고 외치도록 만들고 싶어 한다.

　이런 목적에서 슈퍼마켓이 쓰는 고전적 수법 중 하나가 "특가 세일! 하야니 치약 5통 2만 원"과 같은 광고 문구다. 치약 한 통에 4천 원에 가격을 낮췄다고 선전해도 되는데, 왜 5통을 묶어서 파는 방식을 선택했을까? 그 이유는 이런 광고 방식이 치약 한 통을 사러 갔던 사람에게 4통을 충동구매하게 만드는 효과를 내기 때문이다. 5통이나 사야 하므로 망설이다가 "에라, 모르겠다."를 외치며 장바구니에 담아 버린다. 바로 이 효과를 노린 것이다.

　마케팅 전문가가 분석한 결과에 따르면, 이러한 판매 방식을 쓰면 하나씩 따로 팔 때보다 판매량이 32%나 증가한다고 한다. 이 방식이 분명히 충동구매를 부추기는 효과를 내고 있다는 뜻이다. 흥미로운 점은 특히 참치 통조림과 냉동식품의 판매량 증가 폭이 컸다는 것이다. 이는 그러한 판매 방식이 특별히 잘 먹히는 상품이 있음을 보여 준다. ⊙왜 그런 결과가 나왔는지는 독자도 잘 알 것이다.

체크 3-1

윗글과 같은 글을 읽을 때 필요한 읽기 방법으로 적절하지 **않은** 것은?

① 무엇에 대한 글인지 전체적으로 훑어본다.
② 글을 읽고 감동을 주는 부분을 찾아 내면화한다.
③ 제시된 정보들이 정확하고 타당한지 확인해 본다.
④ 전달하고자 하는 중심 내용이 무엇인지 따져 본다.
⑤ 글쓴이의 관점과 표현 방식이 적절한지 생각해 본다.

도움말

윗글은 설명문으로, 설명문을 읽는 목적은 지식이나 정보를 습득하기 위해서이다.

체크 3-2

윗글을 읽은 학생이 ⊙에 대해 다음과 같은 반응을 보였다고 할 때, 이에 대한 평가로 적절한 것은?

준수 　아, 통조림이나 냉동식품 등은 신선 식품에 비해 보관 기간이 길어 미리 한꺼번에 많은 양을 구입하더라도 보관하는 데 문제가 없기 때문이구나.

① 글의 내용을 자신의 말로 이해하지 못했다.
② 읽기 전에 만든 질문에 대한 대답을 찾지 못했다.
③ 이해가 어려운 부분을 읽고 새로운 질문을 만들었다.
④ 숨겨진 의미를 추론하는 데 자신의 배경지식을 적절히 사용했다.
⑤ 새로운 정보를 습득하는 데 디지털 통신 매체를 적절히 사용했다.

도움말

⊙은 윗글에서 정확히 내용을 제시하지 않고 독자에게 판단을 맡긴 부분으로 숨겨진 의미에 해당한다.

[4-1~4-2] 다음 글을 읽고 물음에 답하시오.

《로스앤젤레스 타임스》는 2015년 3월 30일 새벽 2시 캘리포니아주 인근에서 진도 4의 지진이 발생했다는 기사를 보도했다. 지진 발생에서 기사 보도까지 걸린 시간은 단 5분이었다. 이는 작성자가 사람이 아니라 퀘이크봇(Quakebot)이라는 기사 작성 로봇이었기 때문에 가능했다. 〈중략〉

의사와 약사의 업무도 예외는 아니다. 2000년대 국내에도 도입된 '의약품 안심 서비스'는 과거 의사와 약사가 수행하던 전문적 업무를 훌륭하게 대신하고 있다. 투약 정보를 인터넷에서 실시간으로 공유함으로써, 부작용을 일으킬 수 있는 다량의 약을 처방받거나 함께 먹어서는 안 될 약품을 복용하는 상황을 예방할 수 있다. 전문가의 업무를 자동화 프로그램이 대신하게 됨으로써 가능해진 것이다. 그동안 전문가들이 맡던 일을 로봇이 대체하는 현상은 광범위하게 나타나고 있다.

변화는 제조업 영역에서 서비스업 분야로 빠르게 이동하고 있다. 농업과 제조업에 이어 서비스업의 일자리마저 로봇에 내준 노동자들은 새로운 일자리를 얻게 될까? 농업을 제조업이, 이를 다시 3차 산업인 서비스업이 대체한 것처럼 우리가 모르는 4차 산업이 인류를 위해 예비되어 있는가? 이 물음에 대해 낙관적으로 답하기 어려운 것이 현실이다.

거대한 변화의 물결 속에서 미숙련 노동자의 앞날은 더 암울하다. 산업 사회는 이들에게 단순 노무*나 판매직 같은 제조업, 서비스업의 일자리를 제공했지만, 앞으로 미숙련 노동자들은 로봇과 자동화에 밀려 평생 일자리를 갖지 못하는 재앙을 만날 수도 있다.

• 노무: 임금을 받으려고 육체적 노력을 들여서 하는 일.

4-1

내용·주장의 적절성을 평가하기 위해 글쓴이의 관점을 파악하는 활동을 한다고 할 때, 윗글에 나타난 글쓴이의 관점을 가장 잘 요약한 것은?

① 자동화 프로그램에는 치명적 문제가 있다.
② 기자, 의사, 약사의 일자리는 보존되어야 한다.
③ 전문가들의 일을 적극적으로 로봇이 대체해야 한다.
④ 자동화가 로봇에게 재앙을 가져오지 않도록 해야 한다.
⑤ 변화된 시대의 노동자들은 일자리를 얻지 못할 수도 있다.

4-2

다음은 윗글의 읽기 과정을 점검·조정할 때 수행한 활동이다. 이처럼 읽기 과정을 점검·조정하는 이유로 가장 적절한 것은?

> • 읽기 전: 글을 읽는 목적을 확인함.
> • 읽기 중: 다양한 읽기 전략을 사용해 글의 의미를 이해함.
> • 읽기 후: 글 전체의 내용을 요약함.

① 자신이 말하고자 하는 바를 정확하게 정리할 수 있기 때문이다.
② 자신이 생각한 의미를 확인하고 이에 대한 반론을 무마할 수 있기 때문이다.
③ 읽기 목적을 효율적으로 달성할 수 있고 글을 깊이 있게 이해할 수 있기 때문이다.
④ 다른 독자들이 자신이 깨달은 의미를 알 수 없어서 자신만의 읽기를 완성할 수 있기 때문이다.
⑤ 사회적 의사소통을 성공적으로 수행하여 글쓴이를 비판하고 자신의 주장을 내세울 수 있기 때문이다.

선다형 1번~2번과 서답형 1번 문제는 듣고 푸는 문제입니다. 녹음 내용을 잘 듣고 물음에 답하기 바랍니다. 내용은 한 번만 들려줍니다.

듣기평가

1 (물음) 대화에서 남학생의 말하기에 대한 설명으로 가장 적절한 것은? [5점]

① 상대방을 칭찬하며 대화의 분위기를 좋게 만든다.
② 상대방의 표정에 대해 언급하며 관심을 나타낸다.
③ 상대방의 처지에 대해 자신의 경험을 말하며 공감한다.

〔2, 서답형 1〕 들려주는 내용을 잘 듣고 두 물음에 답하시오.

2 (물음) 강연자가 마지막에 말한 '씨실과 날실이 이루는 무늬'의 비유적 의미로 가장 적절한 것은? [5점]

① 다양한 특성이 조화를 이룬 문화
② 과거와 현재의 조화를 추구하는 정신
③ 낡은 것을 바꾸어 새롭게 창조한 문화

[창의]

서답형 1 (물음) 강연자가 내용을 전달하기 위해 사용한 표현 방법과 효과를 〔자료〕와 같이 작성하였을 때, ㉠에 들어갈 말을 2음절로 쓰시오. [5점]

┌ 자료 ┐
(㉠)적 표현을 통해 범위를 점차 넓혀 가며 방언이 지닌 가치에 대한 내용을 심화하고 있다.
└──────┘

• ㉠: _____

듣기평가 문제종료 이제 듣기 문제가 끝났습니다. 다음 문제부터는 읽고 푸는 문제입니다.

3 〔자료〕에서 설명하는 현상의 예로 적절하지 <u>않은</u> 것은? [5점]

┌ 자료 ┐
음운 변동 중에는 없던 음운이 새로 더해지는 경우가 있는데, '아니오[아니요]'와 같이 발음할 때 반모음이 첨가되거나 '콩엿[콩녇]'과 같이 'ㄴ'이 첨가되는 경우가 있다.
└──────┘

① '논'과 '일'의 합성어 '논일'의 발음: [논닐]
② '꽃이 피어'에서 '피어'의 허용 발음: [피여]
③ 한자어 '남녀(男女)'에서 '여(女)'의 발음: [녀]

[코딩]

4 〔자료〕는 문장 성분의 특징을 파악하기 위한 탐구 활동의 일부이다. ㉠~㉢ 중, [A]에 해당하는 것은? [5점]

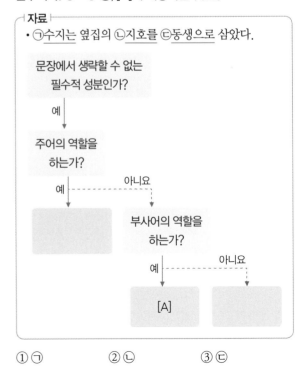

① ㉠   ② ㉡   ③ ㉢

창의

서답형 2 │자료│를 참고하여 다음 문장을 바르게 띄어 쓰시오. [5점]

┌ 자료 ┐
제2항 문장의 각 단어는 띄어 씀을 원칙으로 한다.
제41항 조사는 그 앞말에 붙여 쓴다.
제42항 의존 명사는 띄어 쓴다.
제43항 단위를 나타내는 명사는 띄어 쓴다.
└────────────────────────┘

┌────────────────────────┐
차한잔으로도삶에대한잔잔한기쁨과감사를누릴수
있을것이다.
└────────────────────────┘

• _____

_____

5 │자료1│은 학생의 초고이고, │자료2│는 이를 고쳐 쓰기 위한 방안이다. 이와 가장 관련 깊은 고쳐쓰기 방법은? [5점]

┌ 자료1 ┐
한 설문 조사에 따르면 '보행 중 스마트폰 사용에 대해 어떻게 생각하는가?'라는 질문에 전체 응답자 중 83%가 '위험하다.'라고 답했다고 합니다. 대부분의 응답자는 보행할 때 스마트폰을 사용하는 것이 위험하다는 사실을 알고 있는 것으로 나타났습니다. <u>그러므로</u> 많은 사람이 보행 중에 스마트폰을 사용하고 있습니다.
└────────────────────────┘

┌ 자료2 ┐
'그러므로'라는 접속사를 '그럼에도 불구하고'로 고쳐야겠어.
└────────────────────────┘

① 주제에서 벗어난 내용 고쳐 쓰기
② 표현 효과를 고려하여 문장 고쳐 쓰기
③ 문장이 자연스럽게 이어지지 못한 부분 고쳐 쓰기

[6, 서답형 3] 다음 글을 읽고 물음에 답하시오.

나는 이제 너에게도 슬픔을 주겠다.

사랑보다 소중한 슬픔을 주겠다.

겨울 밤 거리에서 귤 몇 개 놓고

살아온 추위와 떨고 있는 할머니에게

귤값을 깎으면서 기뻐하던 너를 위하여

나는 슬픔의 평등한 얼굴을 보여 주겠다.

내가 어둠 속에서 너를 부를 때

단 한 번도 평등하게 웃어 주질 않은

가마니에 덮인 동사자가 다시 얼어 죽을 때

가마니 한 장조차 덮어 주지 않는

무관심한 너의 사랑을 위해

흘릴 줄 모르는 너의 눈물을 위해

나는 이제 너에게도 기다림을 주겠다.

이 세상에 내리던 함박눈을 멈추겠다.

보리밭에 내리던 봄눈들을 데리고

추워 떠는 사람들의 슬픔에게 다녀와서

눈 그친 눈길을 너와 함께 걷겠다.

슬픔의 힘에 대한 이야기를 하며

기다림의 슬픔까지 걸어가겠다.

– 정호승, 〈슬픔이 기쁨에게〉

6 윗글의 화자에 대한 설명으로 적절하지 <u>않은</u> 것은? [5점]

① 추상적인 대상인 '기쁨'을 의인화하여 말을 건네고 있다.
② 타인의 고통에 무관심한 사람들을 비판적으로 여기고 있다.
③ 시적 대상이 긍정적으로 바뀔 가능성을 회의적으로 생각하고 있다.

서답형 3 다음의 시어와 같은 의미를 지닌 3음절의 시어를 찾아 쓰시오. [5점]

겨울 밤	소외된 이들이 겪는 고통과 시련

• _____

[7~8] 다음 글을 읽고 물음에 답하시오.

　세상사 중에 처음에는 얼토당토않고 괴이하지만, 나중에는 진실인 것이 있다. 아마도 과일나무 접*붙이는 것이 이에 해당할 것이다.

　나의 선친이 살아 계실 때였다. 과일나무에 접을 잘 붙이는 키다리 전씨(田氏)라는 사람이 있었는데, 선친은 그에게 접을 붙이게 해 보았다. 정원에는 맛이 없는 배나무 두 그루가 있었는데, 전씨는 모두 톱으로 밑동을 잘랐다. 그리고는 세상에서 맛있다고 이름난 배나무를 구하여 몇 가지를 자르더니, 잘라 낸 그루터기에 접목시키고는 찰흙으로 그곳을 발랐다. 당시에는 그것을 보면서 터무니없다고 여겼다. 비록 접을 붙인 나무에서 싹이 트고 잎이 돋아났지만, 괴이하다고만 여겼다. 그러나 여름에 잎이 무성하게 되고, 가을에 배가 주렁주렁 열렸다. 그제야 '나중에는 진실인 것이 있음'을 믿게 되었고, 처음에 얼토당토않고 괴이하다고 여겼던 의심이 비로소 마음에서 사라졌다.

　선친이 돌아가신 지 9년이 흘렀지만, 나무를 보거나 배를 먹을 때에는 아버지의 얼굴이 항상 떠올랐다. 그래서 간혹 나무를 부여잡고 목 놓아 울면서 차마 떠나지 못한 적도 있었다. 옛사람은 소백과 한선자의 일 때문에 돌배나무를 베지 않은 채 잘 가꾸었다는 일화가 있다. 하물며 아버지가 소유하시다가 자식에게 물려준 것임에랴! 그 공경하는 마음은 베지 않고 잘 가꾸는 것에 어찌 비할 바가 있겠는가? 그 열매는 또한 꿇어앉아 먹어야 할 것이다.

　생각건대, 선친*께서 나에게 이 나무를 물려주신 것은 아마도 내가 이 배나무를 본받아 잘못을 고치고 선으로 옮겨 가라는 뜻일 것이다. 그래서 이를 기록하여 경계로 삼는다.

－ 이규보, 〈접과기〉

• **접**: 나무의 품종 개량 또는 번식을 위하여 한 나무에 다른 나무의 가지나 눈을 따 붙이는 일.
• **선친**: 남에게 돌아가신 자기 아버지를 이르는 말.

7 윗글에 대한 설명으로 적절하지 **않은** 것은? [5점]
① 윗글의 '나'는 글쓴이인 이규보이다.
② '나'는 접붙인 배나무가 풍성한 열매를 맺은 일을 통해 교훈을 얻었다.
③ '나'는 아버지께 물려받은 과일나무를 제대로 돌보지 못한 일을 반성하고 있다.

8 윗글의 글쓴이가 얻은 깨달음으로 적절한 것은? [5점]
① 다른 사람을 함부로 의심해서는 안 된다.
② 사람도 잘못된 점을 고쳐 올바른 길로 나아가야 한다.
③ 과일나무를 접붙일 때에는 좋은 품종의 나무를 활용해야 한다.

신유형

9 자료 에서 알 수 있는 중세 국어의 표기상 특징으로 적절하지 **않은** 것은? [5점]

┌ **자료** ┐
　〈훈민정음〉(언해본)은 한문본 《훈민정음》의 예의편(例義篇)만을 한글로 풀어 쓴 것으로, 중세 국어의 특징이 잘 드러나 있는 국어 자료이다.

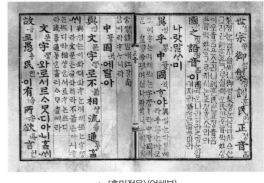

▲ 〈훈민정음〉(언해본)

① 가로로 글을 쓰지 않고, 세로로 글을 썼다.
② 단어 사이를 띄어 쓰지 않고, 붙여 적었다.
③ 'ㆍ(아래아)'나 'ㅣ'와 같이 현대 국어에서 쓰이지 않는 글자를 사용하였다.

[10~12] 다음 글을 읽고 물음에 답하시오.

[앞부분 줄거리] 어느 고을에 학자로 존경받는 선비인 북곽 선생과 열녀˚로 칭송받는 과부 동리자가 살았는데, 동리자는 성씨가 다른 다섯 아들을 두고 있었다. 북곽 선생과 동리자는 밤에 몰래 만남을 즐기다 다섯 아들에게 발각된다.

다섯 놈이 서로 소근대기를,

"《예기(禮記)》에 이르기를 '과부의 문에는 함부로 들지 않는다.' 하였는데, 북곽 선생과 같은 점잖은 어른이 과부의 방에 들어올 리가 있겠나. 우리 고을의 성문이 무너진 데에 여우가 사는 굴이 있다더라. 여우란 놈은 천 년을 묵으면 사람 모양으로 둔갑할 수가 있다더라. 저건 틀림없이 그 여우란 놈이 북곽 선생으로 둔갑한 것이다."

하고 함께 의논했다.

"들으니 여우의 머리를 얻으면 큰 부자가 될 수 있고, 여우의 발을 얻으면 대낮에 그림자를 감출 수 있고, 여우의 꼬리를 얻으면 애교를 잘 부려서 남에게 예쁘게 보일 수 있다더라. 우리 저놈의 여우를 때려잡아서 나누어 갖도록 하자."

다섯 놈이 방을 둘러싸고 우르르 쳐들어갔다. 북곽 선생은 크게 당황하여 도망쳤다. ㉠사람들이 자기를 알아볼까 겁이 나서 모가지를 두 다리 사이로 쑤셔 박고 귀신처럼 춤추고 낄낄거리며 문을 나가서 내닫다가 그만 들판의 구덩이 속에 빠져 버렸다. 그 구덩이에는 똥이 가득 차 있었다. 간신히 기어올라 머리를 들고 바라보니 뜻밖에 범이 길목에 앉아 있는 것이 아닌가.

범은 북곽 선생을 보고 오만상을 찌푸리고 구역질을 하며 코를 싸쥐고 외면을 했다.

㉡"어허, 유자(儒者)˚여! 더럽다."

– 박지원, 〈호질˚〉

• 열녀: 절개가 굳은 여자.
• 유자: 유학(儒學)을 공부하는 선비. 유생.
• 호질: 호랑이의 꾸짖음.

10 윗글에 대한 설명으로 가장 적절한 것은? [5점]
① 과거와 현재를 대비하여 인물에게 깨달음을 주고 있다.
② 이상적인 인물을 통해 지향하는 가치를 강조하고 있다.
③ 의인화한 동물을 통해 부정적인 인물을 비판하고 있다.

11 윗글의 작가가 비판하고자 하는 내용으로 가장 적절한 것은? [5점]
① 당대 지배층의 위선적인 삶
② 과부의 재혼을 금지하는 사회
③ 타인의 능력을 인정하지 않는 사회

12 ㉠과 ㉡에 대한 이해로 적절하지 않은 것은? [5점]
① ㉠에서는 북곽 선생을 희화화하고 있다.
② 북곽 선생은 ㉠의 행위로 자신을 성찰하게 된다.
③ ㉡은 북곽 선생을 직접적으로 비판하는 말이다.

13~14 다음 글을 읽고 물음에 답하시오.

욕망은 무엇에 부족함을 느껴 이를 탐하는 마음이다. 과거 중국의 철학자들은 전쟁을 일삼던 현실 속에서 인간의 욕망을 어떻게 바라볼 것인지, 그것에 어떻게 대처해야 할지를 탐구하였다.

먼저, 맹자는 인간의 욕망이 혼란한 현실 문제의 근본 원인이라고 보았다. 욕망이 많아지면 사람들 사이에서 다툼이 생기기 때문이다. 맹자는 인간이 본래 선한 본성을 갖고 태어나지만, 살면서 욕망이 생겨나게 되고, 그 욕망에서 벗어날 수 없다고 하였다. 그래서 그는 욕망은 경계해야 하지만 그 자체를 없앨 수는 없기에, 마음의 수양을 통해 욕망을 누르고 선한 본성을 늘리는 것이 필요하다고 보았다.

맹자보다 후대의 인물인 순자는 욕망의 불가피성*을 인정하면서, 그것이 인간의 본성에서 우러나오는 것이라고 하였다. 인간은 원래 이기적이고 질투와 시기가 심하며 욕망에 사로잡혀 만족할 줄 모른다는 것이다. 따라서 이기적 욕망을 그대로 두면 인간들끼리 다투어 세상을 어지럽히게 되므로, 왕이 '예(禮)'를 정하여 백성들의 욕망을 조절해야 한다고 생각하였다.

이들과는 달리 한비자는 권력과 부를 바라는 인간의 욕망을 부정적으로 바라보지 않았다. 인간의 본성이 이기적이라고 본 점에서는 순자와 같은 입장이지만, 그와는 달리 본성을 바꿀 수 없다고 하였다. 오히려 욕망을 추구하는 이기적인 본성이 동기 부여의 원천이 되고, 나라를 강하게 만들고 부귀영화를 이루는 수단이 된다는 것이다. 따라서 그는 사람들이 자발적으로 선을 행할 것을 기대하기보다는 법을 엄격히 적용하는 것이 필요하다고 강조하였다.

* 불가피성: 피할 수 없는 성질.

13 윗글에 대한 설명으로 적절한 것은? [5점]

① 욕망에 대한 다양한 관점을 소개하고 그 관점들을 비교하고 있다.

② 욕망을 보는 견해를 나열하고 그것의 현대적 의의를 밝히고 있다.

③ 욕망의 의미를 제시하고 그것을 일정한 기준에 따라 분류하고 있다.

코딩

14 윗글을 읽고 정리한 다음 표의 내용 중, 적절하지 않은 것은? [5점]

생각 \ 사상가	맹자	순자	한비자
욕망에 대한 입장	㉠ 현실 문제의 근본 원인	인간 본성에서 우러나오는 것	동기 부여의 원천
인간의 본성에 대한 입장	㉡ 선함.		이기적임.
욕망에 대처하는 방법	마음을 수양하여 욕망을 눌러야 함.	왕이 예를 정해 백성을 다스려야 함.	㉢ 법을 엄격히 적용해야 함.

① ㉠   ② ㉡   ③ ㉢

15~16, 서답형 4 다음 글을 읽고 물음에 답하시오.

　폐를 통해 산소를 받아들이는 어른과 달리 태아는 태반˙과 연결된 탯줄을 통해 산소를 받아들인다. 태반의 산소 농도가 낮은데도 태아가 산소를 얻을 수 있는 것은 ㉠'태아형 적혈구' 때문이다. 태아형 적혈구는 산소 농도가 낮은 곳에서도 산소를 받아들이기 쉬운 성질을 가졌다. 덕분에 태아는 태반에서 효율적으로 산소를 얻을 수 있다. 이렇게 태반 호흡을 하던 태아가 출생 순간부터 어떻게 폐호흡을 시작할 수 있을까?

　폐호흡을 하지 않는 태아의 폐포(肺胞)˙는 ㉡폐 서팩턴트˙라는 분자가 포함된 폐수(肺水)로 가득 차 있다. 이 분자는 물을 튕겨 내는 소수 부분과 물과 친한 친수 부분을 모두 갖고 있다. 태아가 출생하면서 산도˙를 지날 때 압력을 받으면 절반 정도의 폐수가 기도를 통해 입으로 배출되며, 첫울음을 울 때 폐포가 압력을 받아 나머지 폐수가 모세혈관 등으로 밀려난다. 폐수가 제거된 폐포는 풍선과 같아 자연스럽게 줄어들려고 한다. 그러나 폐 서팩턴트가 친수 부분을 폐포 쪽으로, 소수 부분을 공기 쪽으로 향한 채 폐포의 안쪽 벽을 둘러싼다. 이때 각 분자의 친수 부분 사이에 서로 전기적인 반발력이 형성되어, 이 힘에 의해 폐포가 찌부러지지 않고 성공적으로 폐호흡을 할 수 있게 되는 것이다.

　폐호흡이 시작되면서 태아의 심장에는 큰 변화가 일어난다. 태아의 심장은 어른의 심장과 달리 우심방에서 좌심방으로 통하는 '난원공'이라는 문이 열려 있다. 그리고 심장과 폐를 연결하는 혈관에는 태반으로 흐르는 대동맥과 통하는 관이 있다. 이를 동맥관이라 하는데, 심장에서 폐로 가는 혈액을 태반으로 보내는 역할을 한다. 그런데 폐호흡의 시작과 함께 난원공이 닫히고, 동맥관도 서서히 수축하여 결국 막히게 된다. 이는 태아의 혈액 순환이 어른의 혈액 순환과 같은 방식으로 전환되면서 일어나는 일이다.

● **태반**: 임신 중 배 속의 아이와 어머니의 자궁을 연결하는 기관.
● **폐포**: 허파로 들어간 기관지의 끝에 포도송이처럼 달려 있는 자루. 호흡할 때에 가스를 교환하는 작용을 한다.
● **폐 서팩턴트**: 폐수 속에 포함된 분자의 일종인 계면활성제.
● **산도**: 아이를 낳을 때 태아가 지나는 통로.

15 윗글의 표제와 부제로 가장 적절한 것은? [5점]
① 끝없는 심장의 진화 – 혈액 성분의 변화를 중심으로
② 신생아의 놀라운 적응력 – 호흡과 심장 구조의 변화를 중심으로
③ 혈액이 들려주는 생명 이야기 – 태아형 적혈구의 기능을 중심으로

16 ㉠과 ㉡에 대한 설명으로 적절하지 않은 것은? [5점]
① ㉠은 태아가 출생하면서 모세혈관으로 밀려난다.
② ㉡은 친수 부분과 소수 부분을 모두 갖고 있다.
③ ㉠은 태반 호흡에, ㉡은 폐호흡에 관여한다.

융합

서답형 4 윗글을 참고할 때, 태아의 폐가 활성화된 후 자료의 ⓐ~ⓒ 중 가장 먼저 변화를 일으키는 곳을 쓰시오. [5점]

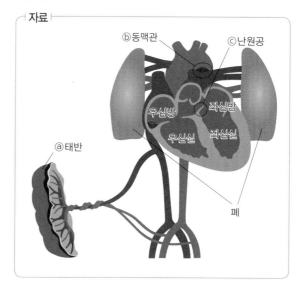

‣ 자료 ‣
ⓑ동맥관　　ⓒ난원공
우심방　　좌심방
ⓐ태반
우심실　　좌심실
폐

• 가장 먼저 변화를 일으키는 곳: ＿＿＿＿＿

선다형 1번~2번과 서답형 1번 문제는 듣고 푸는 문제입니다. 녹음 내용을 잘 듣고 물음에 답하기 바랍니다. 내용은 한 번만 들려줍니다.

듣기평가

1 (물음) 언니의 말하기에 대한 설명으로 가장 적절한 것은?
[5점]

① 애칭을 사용하여 동생에 대한 친근감을 드러내고 있다.

② 자신이 겪었던 과거 경험을 들려주며 동생을 위로하고 있다.

③ 문제 해결을 돕기 위해 동생이 입장을 바꾸어 생각하도록 하고 있다.

[2, 서답형 1] 다음을 듣고 두 물음에 답하시오.

코딩

2 (물음) 토론 진행 과정에 따라 양측의 의견을 정리한 내용으로 적절하지 않은 것은? [5점]

찬성 측 입론	물품을 구입할 때 학생 요구를 반영할 수 있고, 시중 가게보다 저렴하게 판매할 수 있다.	
질문	물품마다 정해진 가격이 있는데 시중 가게보다 저렴하게 판매하는 것이 가능한가?	…①
답변	도매상을 이용하여 저렴하게 구입하면 판매 가격을 낮출 수 있고 이윤도 많이 남길 수 있다.	…②
반대 측 입론	여러 가지 활동을 하는 학생들에게 시간적인 부담이 되며 예외적 상황에 대한 대비책을 마련하기 어렵다.	
질문	학생들이 나누어 맡아서 운영하면 시간 부담이 늘어날 것이 없지 않은가?	…③

신유형

서답형 1 (물음) |자료|는 토론을 들은 청중의 반응이다. ㉠, ㉡에 들어갈 말을 각각 한 단어로 쓰시오. [5점]

┌─ **자료** ─┐

　찬성 측은 반대 측에서 제기한 문제 상황을 너무 (㉠)(으)로 보고 있는 것 같아. 여러 학생들이 나누어 맡기만 하면 제대로 운영될 수 있다고 말하잖아. 설득력을 높이기 위해서는 (㉡) 상황이 발생할 수 있다는 것을 고려하여 발언하는 것이 좋겠어.

㉠: _____

㉡: _____

듣기평가 문제종료 이제 듣기 문제가 끝났습니다.
다음 문제부터는 읽고 푸는 문제입니다.

---

3 |자료|는 음운 변동에 대한 설명이다. ㉠에 해당하는 예로 적절한 것은? [5점]

┌─ **자료** ─┐

　어떤 음운이 놓이는 환경에 따라 발음이 달라지는 현상을 음운의 변동이라고 한다. 국어의 음운 변동은 어떤 음운이 다른 음운으로 바뀌는 교체, 원래 있던 음운이 없어지는 탈락, 없던 음운이 새로 더해지는 첨가, ㉠두 음운이 합쳐져 하나의 새로운 음운이 되는 축약의 네 가지 유형으로 나눌 수 있다.

① 국물　　　② 축하　　　③ 솜이불

4~6. 서답형 2 다음 글을 읽고 물음에 답하시오.

흔들리는 나뭇가지에 꽃 한 번 피우려고
눈은 얼마나 많은 도전을 멈추지 않았으랴

싸그락 싸그락 두드려 보았겠지
난분분 난분분 춤추었겠지
미끄러지고 미끄러지길 수백 번,

바람 한 자락 불면 휙 날아갈 사랑을 위하여
햇솜 같은 마음을 다 퍼부어 준 다음에야
마침내 피워 낸 저 ㉠황홀 보아라

봄이면 가지는 그 한번 덴 자리에
세상에서 가장 아름다운 ㉡상처를 터뜨린다.

– 고재종, 〈첫사랑〉

4 윗글의 각 연에 대한 감상으로 적절하지 않은 것은? [5점]
① 1~2연: '눈'은 '꽃'을 피우기 위해 도전을 멈추지 않는 존재로 의인화됐어.
② 3연: 따뜻하고 순수한 '눈'의 사랑을 '햇솜'에 비유했어.
③ 4연: '상처'는 눈꽃이 피었던 가지가 '덴 자리'로, 첫사랑의 상처가 영원함을 상징하고 있어.

5 윗글의 표현상 특징으로 적절하지 않은 것은? [5점]
① 눈의 끝없는 도전을 의문문의 형식으로 표현하였다.
② 눈의 어리석은 모습을 '황홀'이라고 반대로 표현하였다.
③ 꽃을 피우기 위해 노력하는 눈의 모습을 음성 상징어를 활용하여 감각적으로 표현하였다.

6 ㉠과 ㉡의 원관념을 바르게 짝지은 것은? [5점]

	㉠	㉡
①	사랑	눈꽃
②	눈꽃	봄에 피어난 꽃
③	봄에 피는 꽃	눈꽃

창의

서답형 2 자료에서 설명하는 표현법이 나타난 시행을 윗글에서 찾아 쓰시오. [5점]

┌ 자료
겉으로 보기에 논리적으로 맞지 않는 말로 그 속에 숨은 뜻을 전하고자 하는 표현 방법

7~8, 서답형 3 다음 글을 읽고 물음에 답하시오.

종이가 개발되기 전, 인류는 동물의 뼈나 양피지 등에 필요한 정보를 기록해 왔다. 하지만 담긴 정보량에 비해 부피가 방대하였고 그로 인해 보존과 가독에 어려움을 겪었다. 그런데 종이의 개발로 부피가 줄어들면서 ㉠종이로 된 책이 주된 기록 매체가 되었고 책의 보존성과 가독성, 휴대성 등을 더욱 높이기 위한 제책 기술의 발달이 요구되었다.

서양은 종이 책을 만들기 시작했을 때 제지* 기술이 동양에 비해 미숙했고 질 나쁜 종이로 책을 제작해야 했기에 책의 내구성을 높이기 위한 기술이 필요했다. 그래서 표지에 가죽을 씌우거나 나무판을 덧대는 방법을 개발했는데, 이를 양장(洋裝)이라 한다. 양장은 내지 묶기와 표지 제작을 따로 한 후에 합치는 방법이다. 내지는 실매기 방식을 활용해 실로 단단히 묶고, 표지는 두껍고 단단한 종이에 천이나 가죽 등의 마감 재료를 접착하여 만든다. 표지와 내지를 결합할 때는 책등과 결합되는 내지 부분에 접착제를 발라 책등에 붙인다. 또한 내지보다 두껍고 질긴 종이인 면지를 표지와 내지 사이에 접착제로 붙여 이어 줌으로써 책의 내구성을 높인다. 표지를 붙인 뒤에는 가열한 쇠막대로 앞뒤 표지의 책등 쪽 가까운 부분을 눌러 홈을 만들어 책의 펼침성이 좋도록 한다.

18세기 말에 유럽은 산업 혁명으로 인쇄가 기계화되면서 대량 생산을 위한 기반이 갖추어지고, 경제의 발전으로 일부 계층에만 국한됐던 독서 인구가 확대되어 제책 기술도 대량 생산이 가능한 방식으로 발전해야 했다. 이를 위해 간편하게 철사를 사용해 매는 제책 기술이 개발되었으며, 여러 방식 중 '가운데매기'라 불리는 중철이 주된 방식으로 자리잡았다. 중철은 인쇄지를 포개 놓고 책장이 접히는 한가운데 부분을 ㄷ자형 철침을 이용해 매는 방식을 말한다.

20세기 중반, 화학 접착제가 개발되며 무선철이라는 제책 기술이 등장했다. 이름처럼 실이나 철사 없이 화학 접착제만으로 책을 묶는 방식으로, 대량 생산에 적합하고 생산 단가가 낮아 책의 대중화에 기여한 방식이다.

• 제지: 종이를 만듦.

---

7 윗글을 통해 확인할 수 있는 내용이 <u>아닌</u> 것은? [5점]
① 제책 기술의 발전 과정
② 무선철 방식 제책 기술의 장단점
③ 산업 혁명이 제책 기술에 끼친 영향

융합

8 |자료|는 양장에 따라 제작한 책의 단면이다. 이를 분석한 내용으로 적절하지 <u>않은</u> 것은? [5점]

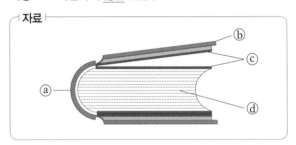
┌ 자료 ┐

① ⓐ는 접착제를 활용하여 ⓓ와 결합되도록 하였다.
② ⓑ는 따로 제작한 뒤 실매기를 통해 ⓒ와 결합시켰다.
③ ⓒ는 ⓓ보다 튼튼한 종이를 사용해 책의 내구성을 높였다.

서답형 3 |자료|는 윗글을 읽고 ㉠의 이유를 추론한 것이다. ⓐ, ⓑ에 들어갈 말을 각각 한 단어로 쓰시오. [5점]

┌ 자료 ┐
　　동물의 뼈나 양피지보다 종이가 (ⓐ)와/과 (ⓑ), 휴대성이 높았기 때문이다.

• ⓐ: ＿＿＿＿＿＿＿

• ⓑ: ＿＿＿＿＿＿＿

9 ~ 11 다음 글을 읽고 물음에 답하시오.

그러나 그의 행운은 그걸로 그치지 않았다. 땀과 빗물이 섞여 흐르는 목덜미를 기름 주머니가 다 된 왜목 수건으로 닦으며, 그 학교 문을 돌아 나올 때였다. 뒤에서 "인력거*!" 하고 부르는 소리가 난다. 자기를 불러 멈춘 사람이 그 학교 학생인 줄 김 첨지는 한 번 보고 짐작할 수 있었다. 그 학생은 다짜고짜로,

"남대문 정거장까지 얼마요?"

라고 물었다. 〈중략〉

"남대문 정거장까지 말씀입니까?"

하고 김 첨지는 잠깐 주저하였다. 그는 이 우중*에 우장*도 없이 그 먼 곳을 철벅거리고 가기가 싫었음일까? 처음 것 둘째 것으로 고만 만족하였음일까? 아니다, 결코 아니다. 이상하게도 꼬리를 맞물고 덤비는 이 행운 앞에 조금 겁이 났음이다. 그리고 집을 나올 제 아내의 부탁이 마음에 켕기었다. 앞집 마마한테서 부르러 왔을 제 병인은 그 뼈만 남은 얼굴에 유일의 생물 같은, 유달리 크고 움푹한 눈에 애걸하는 빛을 띠며,

㉠"오늘은 나가지 말아요. 제발 덕분에 집에 붙어 있어요. 내가 이렇게 아픈데……."

라고, 모깃소리같이 중얼거리고 숨을 거르렁거르렁하였다. 그때에 김 첨지는 대수롭지 않은 듯이,

"압다, 젠장맞을 년, 별 빌어먹을 소리를 다 하네. 맞붙들고 앉았으면 누가 먹여 살릴 줄 알아."

하고 훌쩍 뛰어나오려니까 환자는 붙잡을 듯이 팔을 내저으며,

"나가지 말라도 그래. 그러면 일찍이 들어와요."

하고, 목멘 소리가 뒤를 따랐다.

정거장까지 가잔 말을 들은 순간에 경련적으로 떠는 손, 유달리 큼직한 눈, 울 듯한 아내의 얼굴이 김 첨지의 눈앞에 어른어른하였다.

– 현진건, 〈운수 좋은 날〉

●**인력거**: 사람이 끄는, 바퀴가 두 개 달린 수레. 주로 사람을 태움.
●**우중**: 비가 내리는 가운데. 또는 비가 올 때.
●**우장**: 비를 맞지 아니하기 위해서 차려입은 복장.

9 윗글에 대한 설명으로 적절하지 <u>않은</u> 것은? [5점]
① 김 첨지의 내적 갈등이 점차 고조되고 있다.
② 김 첨지는 행운이 거듭되자 오히려 불안해하고 있다.
③ 김 첨지가 아내의 말을 떠올리는 장면은 갈등이 사라질 것임을 암시하는 장치이다.

10 ㉠에서 알 수 있는 아내의 심리로 가장 적절한 것은? [5점]
① 자신을 두고 나가는 김 첨지를 비난하고 있다.
② 김 첨지가 자신과 함께 있어 주기를 바라고 있다.
③ 김 첨지가 밖에서 위험한 일을 겪을까 봐 걱정하고 있다.

코딩

11 「자료」는 윗글에서 김 첨지가 겪고 있는 갈등을 정리한 것이다. ⓐ~ⓒ에 들어갈 내용으로 적절하지 <u>않은</u> 것은? [5점]

┌─ **자료** ─────────────────────
│ **김 첨지의 상황**
│ 인력거에 손님을 태우는 (ⓐ)이/가 계속되는 가운데 병든 아내의 부탁이 떠올라 (ⓑ)을/를 느낌.
│
│ **김 첨지의 갈등**
│ 돈을 벌어야 하는 현실과 아내에 대한 걱정 사이의 (ⓒ) 갈등
└──────────────────────────

① ⓐ: 행운
② ⓑ: 분노
③ ⓒ: 내적

12 ~ 13 다음 글을 읽고 물음에 답하시오.

18세기 영국의 공리주의자인 벤담이 처음 제안한 원형 감옥인 패놉티콘은 한 명의 간수가 수백 명의 죄수를 감시할 수 있다. 전체적으로 동심원 구조로 되어 있는 패놉티콘은 간수가 있는 중앙의 공간을 항상 어둡게 유지하여 죄수는 자신이 감시당하고 있다는 사실은커녕 간수의 존재 자체도 알 수 없었다. 반면 바깥쪽의 둥그런 감옥에는 건물 내부를 향한 창이 있어서 자신들의 모습이 간수에게 시시각각 포착되어 죄수들은 늘 감시받고 있다는 느낌을 가지게 되었다.

1970년대 중반 이른바 정보 혁명의 시대가 도래하면서 '전자 감시'가 패놉티콘을 통한 감시와 흡사하다는 인식이 급속히 퍼지면서 당시에는 큰 관심을 끌지 못했던 벤담의 패놉티콘은 다시 주목을 받기 시작했다. 우리가 살아가고 있는 정보화 사회에서는 컴퓨터 데이터베이스를 통해 막대한 양의 정보가 수집되고 있으며 CCTV는 도로와 거리, 건물 내·외에 자리 잡고 우리의 일상을 지켜보고 있다. 또한 신용 카드와 같은 전자 결제를 통해 나의 소비 정보가 고스란히 드러나고, 심지어는 전화 통화, 문자 내용까지도 저장되어 필요할 땐 다시 복원할 수 있다. 바야흐로 정보 수집을 통한 다양한 감시와 통제, 즉 '전자 패놉티콘'의 시대가 시작된 것이다.

여기서 '정보'는 벤담의 패놉티콘에서의 '시선'을 대신해서 규율과 통제의 기제*로 작용한다. 일단 이 둘은 '불확실성'의 공통점이 있다. 죄수가 늘 자신을 보고 있다고 생각하는 간수 때문에 매사의 행동에 조심하는 것처럼, 정보가 수집되는 사람은 자신에 대한 정보가 언제, 어떻게 열람될지 확신할 수 없기 때문에 자신의 행동에 주의를 기울인다. 이 둘의 또 다른 공통점으로 '비대칭성'을 들 수 있다. 패놉티콘에 죄수는 볼 수 없고 간수만 볼 수 있게 만든 시선의 비대칭성이 있다면 전자 패놉티콘에는 수집된 정보에 대한 접근의 비대칭성이 존재한다. 방대하게 수집된 정보를 열람할 때 접근자의 신분에 따른 차등을 두는 것이다.

• 기제: 인간의 행동에 영향을 미치는 심리의 작용이나 원리.

12 윗글을 읽고 해결할 수 있는 질문이 아닌 것은? [5점]

① 패놉티콘의 기원과 구조적 특징은?
② 패놉티콘이 초기에 주목받지 못한 원인은?
③ 패놉티콘과 전자 패놉티콘의 공통점과 차이점은?

13 윗글의 내용과 일치하지 않는 것은? [5점]

① 패놉티콘은 간수 한 명이 수백 명의 죄수를 효율적으로 감시할 수 있는 구조이다.
② 패놉티콘에는 시선의 비대칭성이, 전자 패놉티콘에는 정보 접근의 비대칭성이 존재한다.
③ 패놉티콘과 달리 전자 패놉티콘은 죄수나 이용자가 자신의 행동에 주의를 기울이게 한다.

서답형 4 자료는 두 학생의 대화를 옮긴 것이다. 높임 표현이 잘못된 부분을 찾아 바르게 고쳐 쓰시오. [5점]

┌ 자료
인혜: 도영아, 선생님께서 너 교무실로 오시라고 했어.
도영: 그래? 선생님께서는 어디에 계셔?

• 높임 표현이 잘못된 부분: _____ ⓐ

• 고쳐 쓴 표현: _____ ⓑ

14 ┤자료├의 한글 맞춤법 규정을 이해한 내용으로 적절하지 <u>않은</u> 것은? [5점]

> ┤자료├
> 제1항 한글 맞춤법은 표준어를 소리대로 적되, 어법에 맞도록 함을 원칙으로 한다.

① '하늘'은 소리대로 적는 원칙이 적용된 것이다.

② '꽃가루'는 어법에 맞도록 적는 원칙이 적용된 것이다.

③ 명사 '값'에 조사 '이'가 붙은 '값이'는 소리대로 적는 원칙이 적용된 것이다.

15 ┤자료├의 ㉠~㉢에 나타나는 중세 국어의 특징을 탐구한 내용으로 적절하지 <u>않은</u> 것은? [5점]

> ┤자료├
> 나·랏 ㉠:말ᄊ·미 中듕國·귁·에 달·아 文문字·ᄍ·와·로 서르 ᄉᄆᆺ·디 아·니홀·씨 ·이런 젼·ᄎ·로 어·린 百·ᄇᆡᆨ姓·셩·이 ㉡니르·고·져 ·홇 배 이·셔·도 ᄆᆞ·ᄎᆞᆷ:내 제 ·ᄠ·들 시·러 펴·디 :몯홇 ·노·미 하·니·라 ·내 ·이·ᄅᆞᆯ 爲·윙·ᄒᆞ·야 :어엿·비 너·겨 ·새·로 ·스·믈여·듧 字·ᄍ·ᄅᆞᆯ 밍·ᄀᆞ노·니 :사ᄅᆞᆷ:마·다 :ᄒᆡ·ᅇᅧ :수·ᄫᅵ 니·겨 ·날·로 ㉢·ᄡ·메 便뼌安한·킈 ᄒᆞ·고·져 홇 ᄯᆞᄅᆞ·미니·라
>
> −《월인석보(月印釋譜)》, 1459년

① ㉠: 체언과 조사를 소리 나는 대로 이어 적었다.

② ㉡: 고유어의 경우 두음 법칙이 적용되었다.

③ ㉢: 음절의 초성에 두 개 이상의 자음이 사용되었다.

융합

16 ┤자료├는 학생이 진로 체험을 다녀와서 쓴 글이다. 고쳐쓰기 방안으로 적절하지 <u>않은</u> 것은? [5점]

> ┤자료├
> 체험 활동을 하기 위해 《직업 길라잡이》라는 책을 살펴보았더니 '숲 해설가'라는 직업이 눈에 띄었다. 그래서 이에 대해 좀 더 알아보려고 인터넷에 숲 해설가에 대한 자료를 검색한 후 ○○ 국립 수목원으로 진로 체험을 다녀왔다. 그곳으로 간 이유는 ○○ 국립 수목원에서 여러 명의 숲 해설가들이 ⓐ활동하고 있다.
>
> 안내를 담당한 숲 해설가는 숲에 ⓑ얽혀진 이야기, 동식물의 생태와 그 가치에 대한 이야기를 친절하고 재미있게 해 주었다.
>
> 숲 해설가는 "숲 해설가가 되려면 숲과 동식물을 사랑하고 아끼는 마음을 지녀야 한다."라고 강조했다. ⓒ그래서 숲 해설가의 자격을 갖추려면 숲 해설가 교육을 받아야 한다고 알려 주었다.
>
> 숲 해설가는 참 매력적인 직업이라고 생각했다. 처음 해 본 숲길 탐방이었지만 진로에 대해 좀 더 구체적으로 생각해 볼 수 있었던 좋은 기회였다.
>
>

① ⓐ: 호응 관계를 고려하여 '활동하고 있기 때문이다.'로 고쳐야겠군.

② ⓑ: 피동 표현이 중복되어 쓰였으므로 '얽힌'으로 고쳐야겠군.

③ ⓒ: 문장의 연결 관계를 고려하여 '그러나'로 바꿔야겠군.

선다형 1번~2번과 서답형 1번 문제는 듣고 푸는 문제입니다. 녹음 내용을 잘 듣고 물음에 답하기 바랍니다. 내용은 한 번만 들려줍니다.

듣기평가

1 (물음) 발표를 들으면서 메모한 내용이다. 적절하지 <u>않은</u> 것은? [5점]

〈'엔도르핀'에 대하여〉
• 만들어지는 곳: 주로 뇌하수체에서 ———— ㉠
• 공급 방식: 외부에서 공급 가능함. ———— ㉡
• 주요 작용: 통증을 줄여 주고 기분을 좋게 함.
  → 이유: 성분의 일부가 모르핀의 성분과 동일하므로
• 생성되는 때: 임산부가 분만할 때, 몸을 세게 부딪칠 때 등 ———— ㉢

① ㉠ ② ㉡ ③ ㉢

창의

서답형 1 (물음) |자료|는 토론의 논제와 쟁점을 정리한 것이다. ㉠, ㉡에 들어갈 말을 각각 한 단어로 쓰시오. [5점]

자료	
논제	학교 도서관을 지역 문화 센터로 활용해야 한다.
쟁점 1	학교 도서관을 지역 문화 센터로 활용하면 학교 도서관을 (㉠)할 수 있는가?
쟁점 2	학교 도서관을 지역 문화 센터로 활용하면 (㉡)에게 도움이 되는가?

㉠: _____ ㉡: _____

듣기평가 문제종료 이제 듣기 문제가 끝났습니다.
다음 문제부터는 읽고 푸는 문제입니다.

(2, 서답형 1) 다음을 듣고 두 물음에 답하시오.

2 (물음) 토론에 대한 평가로 적절하지 <u>않은</u> 것은? [5점]
① 찬성 측은 설문 조사 결과를 근거로 하여 주장의 신뢰성을 높이고 있다.
② 반대 측은 문제의 원인을 찬성 측과 다르게 파악하여 반대 주장의 근거로 사용하고 있다.
③ 찬성 측은 반대 측이 제기한 문제를 해결할 수 있음을 들어 반박하고 있다.

3 |자료|에 제시된 ㉠~㉢의 예로 적절하지 <u>않은</u> 것은? [5점]

된소리되기는 예사소리가 된소리로 발음되는 현상으로, 다음과 같은 몇 가지 유형으로 분류된다.
• 끝소리 'ㄱ, ㄷ, ㅂ' 뒤에서 'ㄱ, ㄷ, ㅂ, ㅅ, ㅈ'이 된소리로 나는 경우 ———— ㉠
• 용언이 활용할 때, 어간의 끝소리 'ㄴ, ㅁ' 뒤에서 어미의 첫소리 'ㄱ, ㄷ, ㅅ, ㅈ'이 된소리로 나는 경우 ———— ㉡
• 관형사형 어미 '-(으)ㄹ' 뒤에서 'ㄱ, ㄷ, ㅂ, ㅅ, ㅈ'이 된소리로 나는 경우
• 한자음의 끝소리 'ㄹ' 뒤에서 'ㄷ, ㅅ, ㅈ'이 된소리로 나는 경우 ———— ㉢

① ㉠: 국밥[국빱]
② ㉡: 받고[받꼬]
③ ㉢: 발전[발쩐]

4 자료의 한글 맞춤법 규정을 참고할 때 단어의 표기가 적절하지 않은 것은? [5점]

┌ 자료 ┐
제11항 한자음 '랴, 려, 례, 료, 류, 리'가 단어의 첫머리에 올 적에는, 두음 법칙에 따라 '야, 여, 예, 요, 유, 이'로 적는다.

[붙임 1] 단어의 첫머리 이외의 경우에는 본음대로 적는다.

　다만, 모음이나 'ㄴ' 받침 뒤에 이어지는 '렬, 률'은 '열, 율'로 적는다.

※고유어나 외래어 뒤에 결합한 한자어는 독립적인 한 단어로 인식이 되기 때문에 두음 법칙이 적용된다.
└─────────┘

① 매장양(埋藏量)

② 불문율(不文律)

③ 구름양(구름量)

5 자료에서 밑줄 친 ㉠, ㉡을 모두 사용한 문장은? [5점]

┌ 자료 ┐
　우리말의 높임법에는 문장의 주체를 높이는 ㉠주체 높임법, 문장에서 부사어나 목적어가 지시하는 대상인 객체를 높이는 ㉡객체 높임법, 대화 상대를 높이는 상대 높임법 등이 있다.
└─────────┘

① 아버지께 한 번 여쭈어보거라.

② 큰아버지께서 우리 모두를 부르셔.

③ 어제 어머니께서 할아버지를 뵙고 오셨대.

6 자료의 ㉠~㉢에 대한 설명으로 적절하지 않은 것은? [5점]

┌ 자료 ┐
㉠두리 즈믄 ㉡ᄀᄅ매 ㉢비취요미 ᄀᆞᄒᆞ니라

[달이 천 개의 강에 비침과 같으니라.]
└─────────┘

① ㉠: 주격 조사 '이'를 이어적기한 형태이다.

② ㉡: 부사격 조사 '매'가 쓰였다.

③ ㉢: 현대 국어와 다른 형태의 명사형 어미가 쓰였다.

융합

서답형 2 자료를 활용하여 다음의 계획에 따라 글을 쓰려고 한다. ㉠, ㉡에 들어갈 알맞은 내용을 각각 완결된 문장으로 쓰시오. [5점]

┌─────────┐
• 글의 목적: 정보 전달
• 글의 주제: 한옥의 외풍 방지 방안
• 예상 독자: 학교 친구들
• 내용 조직 방법: ㉠문제 – ㉡해결 구조
└─────────┘

┌ 자료 ┐
　한옥이 외풍이 세다는 인식은 대체로 창과 관련되어 있다. 그러나 최근의 실험에 의하면 한옥의 창에 사용되는 창호지는 유리보다 단열 효과가 우수한 것으로 나타나고 있다. 아울러 여닫이문과 미닫이문을 겹쳐서 이중창으로 하면 창 사이에 공기층이 생기기 때문에 외풍을 막을 수 있다.
└─────────┘

㉠: _____

㉡: _____

[7~9] 다음 글을 읽고 물음에 답하시오.

임 계신 곳 소식을 어떻게든 알자 하니

오늘도 저물었네 내일이나 사람 올까

내 마음 둘 데 없다 어디로 가잔 말인가

잡거니 밀거니 높은 산에 올라가니

구름은 물론이거니와 안개는 무슨 일인가

산천이 어둡거니 일월을 어찌 보며

지척을 모르거든 천 리를 바라보랴

차라리 물가에 가서 뱃길이나 보려 하니

바람과 물결이 어수선하게 되었구나

사공은 어디 가고 빈 배만 걸렸는가

강가에 혼자 서서 지는 해를 굽어보니

임 계신 곳의 소식이 더욱 아득하구나

띠집 차가운 잠자리에 한밤중에 돌아오니

벽 가운데 걸려 있는 등불은 누구를 위하여 밝아 있는가

산을 오르내리며 강가를 헤매며 방황을 했더니

그사이에 힘이 지쳐서 풋잠을 잠깐 드니

그 정성이 지극하여 꿈속에서 임을 보니

옥과 같이 곱던 얼굴이 반이 넘게 늙으셨구나

마음속에 품은 생각을 실컷 말하려고 하니

눈물이 쏟아지니 말을 어찌하겠으며

정회도 못 다 풀어 목마저 메이니

방정맞은 닭소리에 잠은 어찌하여 다 깨었던가

아, 헛된 일이로다 이 임은 어디 갔는가

잠결에 일어나 앉아 창을 열고 바라보니

가엾은 그림자만 나를 따르고 있을 뿐이로구나

차라리 죽어서 ㉠지는 달이나 되어

임 계신 창 안을 환하게 비춰 드리리라

― 정철, 〈속미인곡〉

7 윗글의 표현상 특징으로 적절하지 <u>않은</u> 것은? [5점]

① 4음보를 반복하여 운율을 형성하고 있다.

② 시간적 순서에 따라 시상을 전개하고 있다.

③ 고사(故事)를 활용하여 시적 상황을 나타내고 있다.

8 |자료|를 참고하여 이 글을 이해한 것으로 적절하지 <u>않은</u> 것은? [5점]

|자료|

　정철은 1583년(조선 선조 16년) 48세 때 예조 판서가 되었으나 동인(東人)＊의 탄핵을 받아 1585년에 관직을 잃고 창평으로 돌아가 4년간 은거 생활을 했다. 이 시기에 가사 〈사미인곡〉과 〈속미인곡〉을 지었다.

● 동인: 조선 시대에, 붕당 가운데 김효원과 유성룡 등을 중심으로 하여 서인과 대립한 당파. 또는 그 당파에 속한 사람.

① '구름'과 '안개'는 선조와 정철 사이를 이어 주는 대상을 빗대어 표현한 것이군.

② 정철은 선조와 정철의 관계를 임을 잃은 여인의 심리에 의탁해서 하소연하고 있군.

③ '얼굴이 반이 넘게 늙으셨구나'는 선조를 걱정하는 표현으로 정철의 연군지정의 마음을 잘 보여 주는군.

9 ㉠에 대한 설명으로 적절하지 <u>않은</u> 것은? [5점]

① 임과 화자 사이의 오해를 해소해 주는 수단이다.

② 죽어서라도 임을 따르겠다는 화자의 의지가 반영된 대상이다.

③ 임과 조금이라도 가까운 곳에 있고 싶은 화자의 소망이 반영된 대상이다.

[10~11, 서답형 3] 다음 글을 읽고 물음에 답하시오.

　밤에 고속 도로를 달리는데 차창에 무언가 타닥타닥 부딪치는 소리가 났다. 〈중략〉

　다음 날 아침 출근을 하려는데 유리창은 물론이고 앞범퍼에 푸르죽죽한 것들이 잔뜩 엉겨 있었다. 그것은 흙먼지가 아니라 수많은 풀벌레들이 달리는 차체에 부딪혀 죽은 잔해였다. 마치 거대한 모터 주위에 두껍게 쌓여 있는 먼지 뭉치처럼 말이다. 그것을 닦아 내려다 나는 지난밤 엄청난 범죄라도 저지른 사람처럼 손발이 후들후들 떨려 도망치듯 세차장으로 갔다. 그러나 세차 기계의 물살에도 엉겨 붙은 풀벌레들의 흔적은 완전히 지워지지 않았다. 운전대를 잡을 때마다 풀 비린내는 몸서리치는 기억으로 남았고, 나는 손을 씻고 또 씻었다.

　시속 100킬로미터 정도의 속력에 그렇게 많은 풀벌레가 짓이겨졌다는 것도 믿기 어려웠지만, 이런 살상의 경험을 모든 운전자들이 초경처럼 겪었으리라는 사실이야말로 나에게는 예상치 못한 충격이었다. 인간에게 안락한 공간이 다른 생명을 해칠 수도 있다는 자각이 그제야 찾아왔다.

　옛날 티베트의 승려들은 입을 열어 말을 할 때마다 공기 중의 미생물을 죽이게 될까 봐 얼굴에 일곱 겹의 천을 두르고 다녔다고 한다. 그걸 생각하면 자동차를 몰고 다니는 것 자체가 엄청난 살생 행위라고도 말할 수 있을 것이다. 그렇다고 하루아침에 차를 없앨 수도 없는 형편이어서 나는 자동차에 대한 태도를 정리할 필요를 느꼈다. 차를 유지하되 사용을 최소화하고 의존도를 낮추는 선에서 타협할 수밖에 없었다. 〈중략〉

　운전을 시작하기 전까지 나는 걷기 예찬자였고, 인공적인 공간보다 자연 속에 머물기를 누구보다 좋아했다. 그러나 차를 소유하고부터는 생태적인 어떤 발언도 할 자격이 없다는 생각이 들곤 한다. 차를 소유하되 그에 종속되지 않는다는 것, 이런 아슬아슬한 줄타기가 앞으로 얼마나 지속될 수 있을지 모르겠다. 다만 그날 아침의 풀 비린내가 원죄 의식처럼 운전대를 잡은 내 손에 남아 있을 따름이다.

　　　　　　　　　　　　－ 나희덕, 〈풀 비린내에 대하여〉

10 윗글에 대한 설명으로 적절하지 <u>않은</u> 것은? [5점]
① 생태 문제에 대한 성찰과 깨달음이 담겨 있다.
② 허구적으로 구성한 사건을 통해 주제를 강조하고 있다.
③ 대상과 관련한 구체적인 경험과 생각을 진솔하게 드러내고 있다.

코딩

11 윗글의 내용을 다음과 같이 정리할 때, [A]~[C]에 나타난 글쓴이의 심리나 인식으로 적절하지 <u>않은</u> 것은? [5점]

[A]		[B]		[C]
사건 이전	→	'풀 비린내' 사건	→	사건 이후

① [A]: 자동차를 안락한 공간으로 인식하였다.
② [B]: 죽은 풀벌레들을 보고 충격을 받았다.
③ [C]: 걷기 예찬자가 되기로 결심하였다.

융합

서답형 3 다음은 윗글을 읽은 후 글쓴이와 가상으로 인터뷰하는 장면이다. 작가의 답변 중 ㉠, ㉡에 들어갈 말을 각각 한 단어로 쓰시오. [5점]

　풀 비린내 사건을 계기로 어떤 생각을 하게 되었습니까?

　생명을 죽인 것에 대한 (㉠)을 느끼고, 자동차를 몰고 다니는 것이 (㉡) 행위라는 것을 깨닫게 되었습니다.

• ㉠: _____

• ㉡: _____

(12~14) 다음 글을 읽고 물음에 답하시오.

조선 왕조를 세운 신흥 사대부들은 지주층이었기 때문에 ㉠노비의 노동력이 필요했다. 그러나 이들은 강력한 중앙 집권 체제의 확립을 위해 국역 대상인 양인 계층의 폭을 넓히려 하였다. 따라서 노비가 꼭 있어야 하더라도 되도록 양인을 더 많이 확보하려는 것이 조선 왕조가 추구한 국역 정책의 기본 방향이었다. 이를 위해 법제적으로 모든 사회 구성원을 양인과 천인으로 나누었다. 이들 사이에는 의무와 권리에서 차등이 있었는데 먼저 의무 면에서 양인 남자는 국역인 군역과 요역의 의무가 있었다. 이에 비해 천인은 군역에서 철저히 배제되었다.

권리 면에서 양인과 천인은 신체와 생명의 보호와 같은 인간의 기본권을 공권력으로 보장받을 수 있는지에서 뚜렷이 차이가 났다. 천인인 노비는 재산으로 여겨 매매·상속의 대상이 되었으며 사는 곳을 옮길 자유가 없었다. 노비와 양인이 싸우면 노비가 한 등급 더 무거운 벌을 받는 것은 양인과 천인 사이의 법적 지위의 차이를 더 잘 보여 준다. 그보다 권리 면에서 가장 분명한 차이는 관직 진출권이 있느냐는 것이었다. 양인 중에도 관직 진출권이 제한된 사람이 적지 않았으나 양인은 일단 관직 진출권이 있었다. 반면 노비는 관직 진출권이 없었다.

이러한 양인과 천인의 구분은 국가의 법적 구분으로, 실제 사회의 구성은 좀 더 복잡했다. 양인과 천인이라는 법적 구분 아래 사회 구성원은 상급 신분층인 양반 계층, 기술관이나 서얼 등의 중인 계층, 양인 중 수가 가장 많았던 평민 계층, 노비가 주류인 천민 계층으로 나뉘었다. 그중 양반은 갖가지 특권을 누리면서 그 아래인 중인·평민·천민과는 격을 달리했다. 이를 '반상'이라는 말로 표현한다. 반상은 곧 신분을 지배자와 피지배자로 나누는 것으로서, 이러한 구분은 사회 통념상으로 최고 신분인 양반의 지배자적 위치를 돋보이게 하려는 의식에서 생겼다고 할 수 있다.

이처럼 국가 차원의 법적 규범인 양천제와 당시 실제 계급 관계를 반영한 사회 통념상 구분인 반상제가 서로 섞여 중세의 신분 구조를 이루었다.

12 윗글을 통해 알 수 있는 내용으로 적절하지 <u>않은</u> 것은?

[5점]

① 양인과 천인은 권리와 의무 면에서 차등이 있었다.

② 양인은 어떠한 경우에도 관직 진출에 제한을 받지 않았다.

③ 조선 사회의 실제 구성은 법적 구분과는 달리 네 가지 계층으로 나뉘었다.

13 ㉠에 해당하는 사람이 할 수 있는 말로 가장 적절한 것은?

[5점]

① 나는 군역의 의무가 있어.

② 나는 반상제 아래에서 피지배자에 속해.

③ 양인과 내가 싸우면 양인이 더 무거운 벌을 받게 돼.

신유형

14 다음은 조선 시대를 배경으로 한 드라마 대본의 일부이다. 윗글을 참고할 때, ⓐ~ⓒ에 들어갈 말로 적절하지 <u>않은</u> 것은? [5점]

드라마 〈조선에 온 남자〉

S# 1
양반1: 자네 어제 새로운 노비를 집에 들였다면서?
양반2: 어디에서 들었나? _____ ⓐ _____

S# 2
주인공: 제가 사는 21세기는 이곳과 달리 모두 평등해요!
평민1: _____ ⓑ _____

S# 3
주인공: 정말 이해할 수 없어요. 사람을 신분에 따라 나누다니……. 신분제에 대한 설명을 듣고 싶어요.
기술관1: _____ ⓒ _____

① ⓐ: 우리 옆집에 사는 사람이 노비였는데, 일을 잘한다고 하여 샀네.

② ⓑ: 나 역시 불만이 많네. 사실상 반상제에 의해 양반들만 특권을 누리지.

③ ⓒ: 지역에 따라 양천제와 반상제를 명확하게 구분하여 사용한다네.

15~16. 서답형 4 다음 글을 읽고 물음에 답하시오.

19세기 말 등장한 인상주의와 후기 인상주의는 전통적인 회화에서 중시되었던 사실주의적 회화 기법을 거부하고 회화의 새로운 경향을 추구하였다. 인상주의 화가들은 색이 빛에 의해 시시각각 변화하기 때문에 대상의 고유한 색은 존재하지 않는다고 생각하였다.

인상주의 화가 모네는 대상을 사실적으로 재현하는 회화적 전통에서 벗어나기 위해 빛에 따라 달라지는 사물의 색채와 그에 따른 순간적 인상을 표현하고자 하였다. 모네는 대상의 세부적인 모습보다는 전체적인 느낌과 분위기, 빛의 효과에 주목했고, 그 결과 빛에 의한 대상의 순간적 인상을 포착하여 대상을 빠른 속도로 그려 내었다. 그에 따라 그림에 거친 붓 자국과 물감을 덩어리로 찍어 바른 듯한 흔적이 남아 있는 경우가 많았다. 이 때문에 그의 그림은 대상의 윤곽이 뚜렷하지 않아 색채 효과가 형태 묘사를 압도하는 듯한 느낌을 준다. 그러나 모네 역시 대상을 '눈에 보이는 대로' 표현하려 했다는 점에서 사실적 표현에서 완전히 벗어나지는 못했다는 평가를 받았다.

후기 인상주의 화가들은 재현 위주의 사실적 회화에서 근본적으로 벗어나는 방식을 추구하였다. 후기 인상주의 화가 세잔은 하나의 눈이 아니라 두 개의 눈으로 보는 세계가 진실이라고 믿었고, 두 눈으로 보는 세계를 평면에 그리려고 하였다. 그는 대상을 전통적 원근법에 억지로 맞추지 않고 이중 시점을 적용하여 대상을 다른 각도에서 바라보려 하였고, 이를 한 폭의 그림에 표현하였다.

세잔은 사물의 본질을 표현하기 위해서는 '보이는 것'을 그리는 것이 아니라 '아는 것'을 그려야 한다고 주장하였다. 그 결과 자연을 관찰하고 분석하여 사물은 본질적으로 구, 원통, 원뿔의 단순한 형태로 이루어졌다는 결론에 도달하였다. 이를 회화에서 구현하기 위해 그는 이중 시점에서 더 나아가 형태를 단순화하여 대상의 본질을 표현하려 하였고, 윤곽선을 강조하여 대상의 존재감을 부각하려 하였다. 회화의 정체성에 대한 고민에서 비롯된 ㉠그의 이러한 화풍은 입체파 화가들에게 직접적인 영향을 미치게 되었다.

15 윗글의 내용과 일치하지 <u>않는</u> 것은? [5점]
① 전통 회화는 사실주의적 회화 기법을 중시하였다.
② 모네는 대상의 순간적인 인상을 표현하고자 전통적인 원근법을 거부하였다.
③ 세잔은 사물이 본질적으로 구, 원통, 원뿔의 형태로 구성되어 있다고 보았다.

16 「자료」를 바탕으로 할 때, '세잔'의 화풍을 ㉠과 같이 평가한 이유로 가장 적절한 것은? [5점]

┌ 자료 ┐
입체파 화가들은 사물의 본질을 표현하고자 대상을 입체적 공간으로 나누어 단순화한 후, 여러 각도에서 사물을 해체하였다가 화폭 위에 재구성하는 방식을 취하였다. 이러한 기법을 통해 대상의 다양한 모습을 한 화폭에 담아내려 하였다.
└───────┘

① 대상을 추상화하여 전체적 느낌을 부각했기 때문에
② 사물을 최대한 정확하게 묘사하기 위해 전통적 원근법을 변용시켰기 때문에
③ 대상의 본질을 드러내기 위해 사물을 다양한 각도에서 바라보아야 한다는 관점을 제공했기 때문에

융합

서답형 4 이 글을 바탕으로 하여 「자료」의 (가), (나)를 감상했다고 할 때, ⓐ에 들어갈 알맞은 말을 쓰시오. [5점]

┌ 자료 ┐
(가) 모네, 〈사과와 포도가 있는 정물〉

(나) 세잔, 〈바구니가 있는 정물〉

• 감상평: (가)와 달리 (나)에 있는 정물들은 윤곽선이 뚜렷하게 강조되었는데, 이는 대상의 (ⓐ)을 부각하기 위한 것으로 볼 수 있겠군.
└────────────────┘

• ⓐ: _____

선다형 1번~3번과 서답형 1번 문제는 듣고 푸는 문제입니다. 녹음 내용을 잘 듣고 물음에 답하기 바랍니다. 내용은 한 번만 들려줍니다.

1 (물음) 발표 내용에 해당하는 예로서 적절하지 <u>않은</u> 것은? [4점]

① 할머니께서는 내가 알지 못하는 옛날 속담을 많이 쓰신다.

② 할아버지께서는 잘 모르시는 신조어의 뜻을 나한테 자주 물으신다.

③ 아버지께서는 우리 또래가 자주 쓰는 줄인 말을 잘 쓰시지 않는다.

④ 우리 세대는 '춘부장'같이 할머니께서 자주 쓰시는 말을 잘 쓰지 않는다.

⑤ 우리 지역에서 '부추'라고 부르는 채소를 다른 지역에서는 '정구지'라고 한다.

2 (물음) 강연자의 강연 의도로 가장 적절한 것은? [4점]

① 공감 능력을 인간의 본성으로 인식할 필요가 있다.

② 공감 능력을 학습하기 위해서 개념적 추리가 필요하다.

③ 뇌 과학 분야의 새로운 발견은 사실로 검증될 필요가 있다.

④ 자신의 고통보다 타인의 고통을 더 감각적으로 느껴야 한다.

⑤ 사회 적응을 효과적으로 할 수 있도록 감수성 훈련이 필요하다.

3 (물음) 여자의 말하기에 나타난 문제점으로 적절한 것은? [4점]

① 남자에게 잘못을 사과하지 않았다.

② 남자의 말을 중간에 끊으며 말했다.

③ 남자의 요청에 끝내 응하지 않았다.

④ 남자를 무시하며 비방하는 말을 했다.

⑤ 남자에게 일방적으로 명령하며 말했다.

코딩

서답형 1 (물음) 다음은 토론이 진행되는 과정을 도식화한 것이다. ㉠, ㉡에 알맞은 말을 쓰시오. [5점]

쟁점	입장
쟁점 1: (㉠) 문제	찬성 측
	반대 측
⬇	
쟁점 2: 가격 문제	찬성 측
	반대 측

예상대로 가격 문제를 언급하는군. 그렇다면 우리는 소비자의 (㉡)이/가 높지 않다는 점을 근거로 반대해야겠군.

반대 측

㉠: _____   ㉡: _____

듣기평가 문제종료 이제 듣기 문제가 끝났습니다.
다음 문제부터는 읽고 푸는 문제입니다.

4 다음은 국어 수업 활동의 일부이다. 자료 에 대해 학생이 탐구한 내용으로 적절하지 <u>않은</u> 것은? [4점]

선생님: 아래 자료 를 보면서 중세 국어의 특징을 탐구해 봅시다.

자료

불휘 기픈 남근 바르매 아니 뮐씨 곶 됴코 여름 하느니

시미 기픈 므른 ᄀᄆ래 아니 그츨씨 내히 이러 바르래 가느니 〈제2장〉

– 《용비어천가》, 1447년

[현대어 풀이]

뿌리가 깊은 나무는 바람에 움직이지 않으므로, 꽃이 좋고 열매가 많으니,

샘이 깊은 물은 가뭄에 그치지 않으므로, 내[川]가 이루어져 바다에 가니.

① '바르매'에서 '애'는 현대 국어의 '에'에 해당합니다.

② '여름'은 현대 국어의 계절 이름 '여름'과 의미가 다릅니다.

③ '하느니'는 현대 국어 '많으니'의 의미로 해석됩니다.

④ '시미'에는 주격 조사 '미'가 포함되어 있습니다.

⑤ '내히'에는 끝소리가 'ㅎ'인 체언이 쓰여 있습니다.

5 자료 에서 선생님의 질문에 답한 내용으로 적절하지 <u>않은</u> 것은? [4점]

자료

선생님: '고요이'와 '고요히'는 어떻게 적는 것이 맞을까요? '고요히'가 맞습니다. ⓐ'-하다'가 붙지 않는 용언 어근 뒤에서는 '이'로 적고, ⓑ'-하다'가 붙는 어근 뒤(단, ㅅ받침으로 끝나는 어근 제외)에서는 '히'로 적기 때문입니다. 다음 예문에 사용된 단어들이 올바르게 표기되었는지 확인해 볼까요?

ㄱ. 방학을 헛되이 보내고 후회했다.

ㄴ. 누나는 동생들을 살뜰이 보살폈다.

ㄷ. 소신을 갖고 불의에 과감이 맞서라.

ㄹ. 그녀는 영수증을 꼼꼼히 살펴보았다.

ㅁ. 우리는 기준을 엄격히 세우고 있다.

① ㄱ에서는 ⓐ를 적용하여 맞게 표기했습니다.

② ㄴ에서는 ⓑ를 적용해야 하는데 틀리게 표기했습니다.

③ ㄷ에서는 ⓑ를 적용해야 하는데 틀리게 표기했습니다.

④ ㄹ에서는 ⓑ를 적용하여 맞게 표기했습니다.

⑤ ㅁ에서는 ⓐ를 적용해야 하는데 틀리게 표기했습니다.

6 자료 를 참고할 때 ⓐ와 같은 기능을 하는 문장 성분으로 적절하지 <u>않은</u> 것은? [4점]

자료

부사어는 대체로 문장에서 반드시 필요한 성분이 아니다. 그러나 '포도당이 ⓐ과당과 결합한 설탕'과 같이 문장 안에서 필수적으로 요구되는 경우도 있다.

① 나는 동생과 영화를 보았다.

② 우리 형은 아버지와 닮았다.

③ 호랑이는 사자와 많이 다르다.

④ 어제 본 영화는 이 책과 비슷하다.

⑤ 그의 성품은 곧기가 대나무와 같다.

서답형 **2** 자료 의 대화 맥락에서 ㉠, ㉡을 다음과 같이 고 쳐 쓰려고 할 때, ⓐ, ⓑ에 들어갈 알맞은 내용을 쓰시오.

[5점]

┤자료├
점원: 어서 오세요. 혹시 찾으시는 물건이 ㉠계신가 요?
손님: 네, 가벼운 신발을 찾고 있어요.
점원: 이쪽에 있는 신발들이 가벼운 상품들이에요. 손 님께서 신으실 건가요?
손님: 아뇨. 할머니 생신 때 선물로 ㉡줄 신발을 사려 고요.
점원: 그럼 이 신발은 어떠세요? 신고 벗기도 편해서 좋아요.
손님: 네, 좋네요. 이걸로 살게요.

	수정 이유	바른 표현
㉠	사람이 아닌 물건을 직접 높일 수 없 으므로 '계신가요'를 다른 말로 바꿔 야 함.	ⓐ
㉡	ⓑ	드릴

ⓐ: _____

ⓑ: _____

_____

7~9 다음 글을 읽고 물음에 답하시오.

살어리 살어리랏다 청산(靑山)애 ㉠살어리랏다
㉡머루랑 다래랑 먹고 청산(靑山)애 살어리랏다
얄리얄리 얄랑셩 얄라리 얄라

우러라 우러라 ㉢새여 자고 일어나 우러라 새여
너보다 시름 많은 나도 자고 일어나 우니로라
얄리얄리 얄라셩 얄라리 얄라

가던 새˚ 가던 새 본다 ㉣믈 아래 가던 새 본다
잉 무든 장글란˚ 가지고 믈 아래 가던 새 본다
얄리얄리 얄라셩 얄라리 얄라

이렇게 저렇게 하여 낮에는 지내 왔는데
올 사람도 갈 사람도 없는 ㉤밤에는 또 어찌하리오
얄리얄리 얄라셩 얄라리 얄라

– 작자 미상, 〈청산별곡〉

• **가던 새**: ① 날아가던 새 ② 갈던 밭이랑(흙을 높이 쌓아 농작물을 심는 곳).
• **잉 무든 장글란**: ① 이끼 묻은 쟁기일랑 ② 날이 무딘 병기일랑 ③ 이끼 묻은 은장도 일랑.

7 윗글에 대한 설명으로 적절하지 <u>않은</u> 것은? [4점]

① 자연물에 화자의 감정을 이입하여 드러내고 있다.

② 대조적 시간을 제시해 화자의 정서를 강조하였다.

③ 구전되다가 한글 창제 이후 문자로 정착되어 전승되었다.

④ 과거와 현재를 대조하여 가난에서 벗어나고 싶은 소망을 형상화하였다.

⑤ 3·3·2조, 3음보의 율격과 분연체 구성이 고려 가요의 형식적 특성을 드러낸다.

9 윗글의 후렴구에 대한 설명으로 적절하지 <u>않은</u> 것은?
[4점]

① 운율감을 형성하고 흥을 돋운다.

② 고려 가요의 형식적 특성을 보여 준다.

③ 'ㄹ, ㅇ'을 사용하여 밝고 경쾌한 느낌을 준다.

④ 각 연마다 반복되어 작품 전체에 통일성을 준다.

⑤ 고달픈 현실에서 느끼는 괴로움과 슬픔의 정서를 심화시킨다.

창의

8 ㉠~㉤에 대한 해석이 적절하지 <u>않은</u> 것은? [4점]

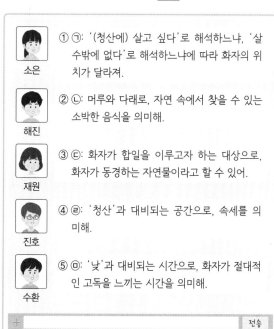

소은 ① ㉠: '(청산에) 살고 싶다'로 해석하느냐, '살 수밖에 없다'로 해석하느냐에 따라 화자의 위치가 달라져.

해진 ② ㉡: 머루와 다래로, 자연 속에서 찾을 수 있는 소박한 음식을 의미해.

재원 ③ ㉢: 화자가 합일을 이루고자 하는 대상으로, 화자가 동경하는 자연물이라고 할 수 있어.

진호 ④ ㉣: '청산'과 대비되는 공간으로, 속세를 의미해.

수환 ⑤ ㉤: '낮'과 대비되는 시간으로, 화자가 절대적인 고독을 느끼는 시간을 의미해.

융합

10 자료 에 제시된 단어의 발음 원리와 거리가 <u>먼</u> 것은?
[4점]

해돋이[해도지]

① 굳이

② 밭을

③ 솥이

④ 걷히다

⑤ 미닫이

11 ~ 12 다음 글을 읽고 물음에 답하시오.

물통을 들고 걸을 때마다 생각나는 사람이 있다. 우리 집에서 가까운 텃밭을 일구시는 어떤 할아버지인데, 물을 주러 가시는 모습을 몇 번 본 적이 있다. 그 할아버지는 몸 반쪽이 마비되어 걷는 게 그리 자유롭지 못하다. 성한 한쪽 팔로 물통을 들고 걸어가시는 모습은 거의 몸부림에 가까우면서도 이상한 평화 같은 것을 느끼게 한다. 절뚝절뚝 몸이 심하게 흔들릴 때마다 물은 찰랑거리면서 그의 낡은 바지를 적시고 길 위에 쏟아져, 결국 반 통도 채 남지 않게 된다. 그렇게 몇 씩 오가는 걸 나는 때로는 끌 듯이 지나가는 발소리로 듣기도 하고, 때로는 마른 길 위에 휘청휘청 내고 간 젖은 길을 보고 알기도 한다.

그 젖은 길은 이내 말라 버리곤 했지만, ㉠나는 그 길보다 더 아름답고 빛나는 길을 별로 보지 못했다. 그리고 어느 날부터인가 나 역시 그 밭의 채소들처럼 할아버지의 발소리를 기다리게 되었다. 반 통의 물을 잃어버린 그 발소리를.

물통을 나르다가 문득 이런 생각이 들곤 한다. 내가 열 번 오가야 할 것을 그 할아버지는 스무 번 오가야 할 것이지만, 내가 이 채소들을 키우는 일도 그 할아버지와 크게 다르지 않은 어떤 안간힘 때문은 아닐까. 몸에 피가 돌지 않는 것처럼 문득문득 마음 한쪽이 굳어져 가는 걸 느끼면서, 절뚝거리면서, 그러면서도 남은 반 통의 물을 살아 있는 것들에게 쏟아붓고 싶은 마음, 그런 게 아니었을까.

– 나희덕, 〈반 통의 물〉

11 윗글에 대한 설명으로 가장 적절한 것은? [4점]

① 자연이 주는 풍요로움을 예찬하고 있다.

② 다른 대상과 자신을 비교하며 농사 일의 고단함을 토로하고 있다.

③ 너그러운 마음으로 타인의 단점을 감싸 주는 삶의 태도를 권유하고 있다.

④ 일상생활 속의 체험에서 깨달은 생명을 소중히 여기는 마음의 중요성을 전달하고 있다.

⑤ 계절의 변화에 따른 풍경 묘사를 통해 자연과 함께하는 삶에서 느끼는 만족감을 표현하고 있다.

12 ㉠의 의미로 적절한 것은? [4점]

① 할아버지가 오가는 길은 풍경이 매우 아름다웠다.

② 할아버지가 흘린 물이 길을 깨끗하고 아름답게 만들었다.

③ 할아버지가 흘린 물이 길 위에 아름다운 무늬를 만들었다.

④ 할아버지가 흘린 물 덕분에 길가의 풀들이 아름답게 자라났다.

⑤ 할아버지가 불편한 몸으로 정성을 다해 채소에 물을 주는 그 마음이 아름답게 느껴졌다.

[13, 서답형 3] 다음 글을 읽고 물음에 답하시오.

눈은 살아 있다
떨어진 눈은 살아 있다
마당 위에 떨어진 눈은 살아 있다

기침을 하자
젊은 시인이여 기침을 하자
눈 위에 대고 기침을 하자
눈더러 보라고 마음 놓고 마음 놓고
기침을 하자

눈은 살아 있다
죽음을 잊어버린 영혼과 육체를 위하여
눈은 새벽이 지나도록 살아 있다

기침을 하자
젊은 시인이여 기침을 하자
눈을 바라보며
밤새도록 고인 가슴의 가래라도
마음껏 뱉자

– 김수영, 〈눈〉

13 윗글의 표현상 특징으로 적절한 것은? [4점]

① 설의적 표현을 사용하여 주제를 부각하고 있다.
② 명사로 시상을 마무리하여 시적 여운을 남기고 있다.
③ 음성 상징어를 반복하여 대상에 생동감을 부여하고 있다.
④ 문장의 반복과 변주를 통해 화자의 의도를 강조하고 있다.
⑤ 하강적 이미지를 환기하여 애상적 분위기를 나타내고 있다.

창의

서답형 3 [자료]는 윗글에 대한 감상이다. [조건]에 맞게 빈칸을 완성하시오. [4점]

┌ 자료 ┐
　'눈'을 긍정적으로 파악할 경우 '눈'은 '젊은 시인'의 내면을 자극하고 정화하는 매개체로 순결과 정직 등을 의미한다. 하지만 부정적으로 보면 '눈'은 현실의 추함과 더러움을 은폐하려는 거짓과 위선을 의미한다.
　어떤 관점으로 '눈'을 이해하더라도, 시적 화자는 눈이 새벽까지 (　㉠　) 모습을 보고 '젊은 시인'에게 각성을 촉구한다. 그리고 '가슴의 가래라도 / (　㉡　)' (라)는 표현에 드러난 것처럼 '젊은 시인'에게 적극적인 행동을 취할 것을 요구한다.

┌ 조건 ┐
• ㉠, ㉡ 모두 시에서 찾아 문맥에 맞게 각각 2어절로 쓸 것.

㉠: _____

㉡: _____

[14 ~ 15] 다음 글을 읽고 물음에 답하시오.

　㉠누구나 대개 한때는 문학 소년 시절을 거친다. 이때가 가장 독서열이 왕성하다. 모든 것이 청신(淸新)하게 머리에 들어온다. 이때 독서를 많이 해야 한다. 그의 포부는 부풀 대로 부풀고 재주는 빛날 대로 빛난다. 이때 우수한 작문들을 쓴다. 그러나 얼마 안 가서 그는 사색에 잠기고 회의에 잠긴다. 문학 서적에서조차 그렇게 청신한 맛을 느끼지 못한다. 여기서 혹은 현실에 눈떠서 제각각 제 길을 찾아가기도 하고 철학이나 종교 서적을 읽기 시작한다. 그리고 오직 침울(沈鬱)한 사색에 잠긴다. ㉡최면기에 들어선 것이다. 한잠 자고 나서 고개를 들 때, 구각(舊殻)을 벗는다. 탈피다. 한 단계 높아진 것이다. 인생을 탐구하는 경지에 이른다. 그러나 정신적으론 극도의 쇠약기다. 그의 작품은 오직 반항과 고민과 기벽에 몸부림친다. 이때를 넘기지 못하고 그 벽을 뚫지 못하고 대결하다 부서진 사람들이 있다. 혹은 그를 요사(夭死)한* 천재라고 하는 사람들도 있다. 다시 글을 탐독하기 시작한다. 전에 읽었던 글에서 새로움을 발견한다. 이제 이령(二齡)*에 들어선 것이다. ㉢몇 번이고 이 고비를 거듭하는 속에 탈피에 탈피를 거듭하며 자기를 완성해 간다. 그 도중에는 무수한 탈락자들이 생긴다. 최후에, 자기의 모든 역량을 뭉치고, 글때를 벗고, 자기대로의 세계에 안주한다. ㉣누에가 고치를 짓고 들어앉듯 성가(成家)한 작가다. ㉤비로소 그의 작품이 그 대소에 따라 일등품, 이등품으로 후세에 평가의 대상이 된다.

– 윤오영, 〈양잠설〉

● 요사(夭死)하다: 젊은 나이에 죽다.
● 이령(二齡): 누에가 첫잠을 자고 난 뒤부터 두 잠을 잘 때까지의 기간.

---

14 윗글을 읽고 독서 모둠 활동을 진행하였다. ㉠~㉤에 대해 학생들이 「자료」와 같은 반응을 보였을 때, 이에 대한 평가로 적절하지 않은 것은? [4점]

┌─ 자료 ┐

범준: ㉠을 보니 중학교 때 소설을 즐겨 읽던 내 모습이 떠오르네.

가온: ㉡에 나오는 '최면기'는 처음 보는 단어라서 이해하기가 어려웠어.

효주: ㉢에 표현된 것처럼 시련을 극복하면서 자기를 완성해 나가는 것이 중요하다고 생각해.

도율: ㉣의 '성가'라는 것은 자신만의 글쓰기가 완성되었다는 의미이군.

민채: ㉤에서 왜 작품이 후세에 평가의 대상이 된다고 말할까? 그냥 그 자체로 가치 있는 게 아닐까?

① '범준'은 글의 내용을 통해 자신의 경험을 떠올리고 있다.

② '가온'은 어휘 지식이 부족하여 내용을 이해하는 데 어려움을 겪고 있다.

③ '효주'는 자신의 생각을 바탕으로 글의 내용에 공감하고 있다.

④ '도율'은 글 속에 제시된 의미를 다양한 관점에서 파악하고 있다.

⑤ '민채'는 글 내용을 자신의 생각을 바탕으로 비판적으로 받아들이고 있다.

15 윗글에 나타난 독서에 대한 글쓴이의 생각으로 적절한 것은? [4점]

① 글쓴이는 이미 읽었던 글에서는 새로운 내용을 발견하기 어렵다고 생각한다.

② 글쓴이는 글을 읽으면서 탈피를 거듭해야 자기를 완성할 수 있다고 생각한다.

③ 글쓴이는 '요사한 천재'가 되는 것이 독서를 하면서 이르러야 할 경지라고 생각한다.

④ 글쓴이는 사색과 회의에 잠겨야 문학 서적에서 청신한 맛을 느낄 수 있다고 생각한다.

⑤ 글쓴이는 글을 집중하여 꼼꼼하게 읽는 것보다 많은 책을 읽는 것이 더 중요하다고 생각한다.

16. 서답형 4 다음 글을 읽고 물음에 답하시오.

← → C [   ] _ □ ✕

○○의 생생 블로그   내 블로그 | 이웃 블로그 | 바로가기

총당류의 개념

일반적으로 '당'이란 단당류와 이당류를 가리킨다. 여러 종류로 존재하는 당의 양을 효과적으로 개념화하기 위해 등장한 용어가 '총당류'이다. '총당류'란 유엔 식량 농업기구(FAO)와 세계보건기구(WHO)가 제시한 개념으로 일상에서 섭취하는 식품에 내재하거나 식품을 가공·조리하면서 첨가되는 당의 총량을 말한다.

인체의 에너지원이 되는 당

당은 인체의 에너지원으로 사용된다. 당은 1g당 4kcal의 열량을 갖고 있고 특히 포도당의 경우 뇌와 신경 등 모든 세포의 에너지원이기도 하다. 체내에서 이용되고 남은 당은 간과 근육에 글리코젠의 형태로 일부 저장되고 나머지는 지방으로 전환되어 지방 조직에 저장된다. 저장된 글리코젠이나 지방은 인체가 필요로 할 때마다 분해되어 에너지원으로 사용된다.

많이 먹으면 해가 되는 당

당을 과다하게 섭취할 경우에는 체내에 이용되고 남은 당이 지방으로 전환되는 양이 많아져 내장 지방이 많아질 수 있다. 또 당의 과다한 섭취는 당 중독을 불러올 수 있다. 플로리다 대학교의 신경학자인 니콜 아베나 박사가 미국 영양학회지에 발표한 연구에 따르면 실험용 쥐에게 일정 기간 동안 당이 함유된 음식을 과다하게 먹인 후 이 음식의 공급을 중단하자 얼마 후 비틀거리는 것을 관찰할 수 있었다고 한다.

당의 양면성

식품의약품안전처의 한 연구원은 20××년 라디오 방송에 출연하여 '당이 무조건 나쁜 것은 아니므로 당을 너무 먹지 않는 것도 문제이다.'라고 밝혔다. 당의 과다 섭취가 불러오는 부정적 영향을 우려하여 당 섭취를 무조건적으로 제한하기만 하면 인체에 공급되는 에너지가 부족해져 오히려 더 큰 문제가 생길 수 있다는 것이다.

---

16 윗글을 평가한 내용으로 적절하지 **않은** 것은? [4점]

① 국제기구가 정의한 총당류의 개념을 제시하여 신뢰성을 확보하고 있군.

② 당의 중요성에 대해 개인의 다양한 경험을 근거로 제시하여 타당성이 있군.

③ 당 섭취에 대해 관련 기관 전문가의 의견을 제시하여 신뢰성을 높이고 있군.

④ 당의 중독성에 대한 내용의 근거로 학회지 연구 결과를 제시하여 타당성을 높이고 있군.

⑤ 당의 순기능과 당 과다 섭취의 부작용을 둘 다 다루어 관점이 한 쪽으로 치우치지 않았군.

융합

서답형 4 자료 는 윗글을 읽은 학생의 독서 일기이다. 일기에 드러난 독서 상황을 고려할 때 학생의 독서 방법에서 적절하지 **않은** 점을 찾고, 그 대안이 되는 효과적인 독서 방법을 쓰시오. [5점]

┌ 자료 ┐

과학 수업 과제로 '당이 우리 몸에 미치는 영향'이라는 보고서를 작성하게 되었다. 마침 블로그를 통해 봤던 주제라 자신 있었지만 더 많은 자료를 얻기 위해 도서관에서 영양소에 관한 책을 빌려 왔다. 책의 차례를 보니 내가 원하는 '당'에 관한 정보는 후반부에 실려 있었다. 그러나 책은 처음부터 순서대로 읽어야 한다는 생각으로 책을 다 읽느라 결국 보고서 제출 기한을 넘기고 말았다.

㉠ 적절하지 않은 점: _____

_____

㉡ 효과적인 독서 방법: _____

_____

17~19 다음 글을 읽고 물음에 답하시오.

근대화 시기의 산업 혁명을 겪으며 현대 사회는 물질적으로 풍요로워졌다. 그러나 현대인들은 삶의 불확실성이 주는 불안과 고독, 치열한 경쟁으로 피로감과 무기력에 부딪히고 있다. 그리고 이는 삶의 의미에 대한 질문으로 이어진다. 이에 대하여 심리학자이자 정신과 의사였던 빅터 프랭클은 ㉠'로고테라피'를 통한 접근을 제시했다.

로고테라피는 '의미 치료'라고도 불리는데, 인간이 영혼을 가진 존재로서 의미를 추구하는 것이 삶에서 가장 중요한 목표라고 본다. 프랭클은 삶에서의 의미는 어떤 일을 창조하거나, 어떤 경험을 하거나, 피할 수 없는 어떤 고통을 겪는 과정에서 얻어질 수 있다고 보았는데, 이를 각각 창조 가치, 경험 가치, 태도 가치라 불렀다. 그는 이 중에서 특히 태도 가치를 강조했다. 자신이 처한 상황이나 환경을 변화시킬 수 없을지라도 인간이 마지막까지 선택할 수 있는 것은 삶에 대한 태도와 반응이라고 역설하면서*, 주어진 상황에 대해 어떻게 생각하고 반응할지에 대한 선택은 누구도 빼앗을 수 없는 개인의 자유 의지라는 것을 강조했다.

이러한 관점은 당시 정신 의학계에 주된 흐름으로 자리 잡고 있던 ㉡프로이트의 정신 분석학과 차이가 있다. 정신 분석학에서는 무의식적 욕구의 충족, 쾌락의 추구를 강조하였다. 그러나 로고테라피에서는 욕구를 충족하기 위한 의미 추구가 아닌, 의미 추구 그 자체가 삶의 목표라고 강조한다. 즉, 의미 추구를 수단이 아니라 목적으로 본 것이다. 아울러 개인이 가지고 있는 잠재력과 강점에 초점을 맞추며, 의미를 찾는 과정을 통하여 미래를 지향하도록 한다. 또 내적인 갈등이 없는 상태를 의미하는 항상성에 대해서도 프로이트의 관점과는 다른 입장을 취한다. 정신 분석학에서는 항상성을 유지하는 것이 바람직하다고 보는 반면, 로고테라피에서는 갈등이 반드시 부정적인 것이 아니며, 오히려 삶의 어려움을 극복할 수 있도록 하는 힘이 된다고 본다.

삶의 의미와 태도를 강조하는 로고테라피는 자신의 내적 문제에 깊이 빠지지 않고 객관적으로 바라볼 수 있도록 하는 '자신과의 거리 두기', 환자 스스로가 답을 찾을 수 있도록 도와주는 '문답 방법' 등을 치료 과정에서 활용한다. 로고테라피에서 치료자는 방법을 제시하고 가르치는 교사의 역할보다는 환자가 스스로 의미를 발견할 수 있도록 돕는 조력자의 역할을 한다. 특히 로고테라피는 삶이 주는 고난과 역경에 대해 인정하면서도 긍정적인 믿음을 잃지 않는 낙관주의를 활용하여 불안, 우울, 외상 후 스트레스 장애 등 다양한 정신 장애의 치료에 유용하게 사용된다.

● **역설하다**: 자기의 뜻을 힘주어 말하다.

17 윗글에서 언급한 내용에 해당하지 <u>않는</u> 것은? [4점]

① 로고테라피의 유용성
② 로고테라피의 치료 방법
③ 로고테라피의 활용 분야
④ 로고테라피 등장의 사회적 배경
⑤ 로고테라피 발전의 역사적 과정

18 ㉠, ㉡에 대한 이해로 가장 적절한 것은? [4점]

① ㉠은 삶의 의미를 추구하는 과정을 욕구의 충족을 위한 것으로 본다.
② ㉡은 욕구가 충족되지 않은 상태가 계속되면 항상성을 유지할 수 있다고 본다.
③ ㉠과 ㉡은 모두 쾌락을 추구함으로써 내면의 잠재력이 발현될 수 있다고 본다.
④ ㉠은 과거를 통해 현재의 문제를 진단하고, ㉡은 현재 모습을 통해 미래를 지향한다.
⑤ ㉠은 갈등이 부정적이지 않다고 보고, ㉡은 항상성을 유지하는 것이 바람직하다고 본다.

창의

19 윗글을 바탕으로 할 때, 자료 에 보인 반응으로 적절하지 않은 것은? [4점]

┌ 자료 ┐

　　빅터 프랭클은 1942년부터 1945년까지 나치의 ⓐ강제 수용소 생활을 경험하였다. 그곳에서는 매일 ⓑ혹독한 노동과 적은 양의 음식만으로 버텨 내야 했다. 그럼에도 그는 ⓒ깨진 유리 조각을 가지고 면도를 하면서 인간다움을 잃지 않기 위해서 노력하며 더욱 굳건해졌다. 이때 프랭클은 기본적으로 한 사람보다는 ⓓ두 사람이 짝을 이루어 서로에게 위안이 되고 힘이 되었을 때 수용소에서 살아남는 경우가 더 많았음을 발견하였다.

① ⓐ는 오히려 프랭클에게 삶에서 의미를 추구하는 일의 중요성을 인식하게 하는 계기가 되었군.

② 프랭클은 ⓐ와 같은 상황에서 어떤 태도를 취할 것인가를 선택하는 것이 개인의 자유 의지라 생각했겠군.

③ ⓑ는 창조 가치를 태도 가치로 바꾸는 것으로, 삶의 의미 발견의 원동력이 되었군.

④ ⓒ는 프랭클이 주어진 외적 상황에 굴복하지 않고 인간다움을 잃지 않기 위해서 한 노력으로, 태도 가치를 실현한 것으로 볼 수 있겠군.

⑤ ⓓ를 통해 의미 있는 대인 관계가 삶의 의미를 발견하게 하는 데 중요한 역할을 하고 있음을 알 수 있겠군.

융합

서답형 5 자료 는 '토끼풀'에 대하여 매체에서 수집한 정보이다. 이를 바탕으로 글을 쓰려고 할 때 ㉠과 ㉡에 들어갈 말을 자료 에서 찾아 각각 한 단어로 쓰시오. [5점]

┌ 자료 ┐

• 백과사전

'토끼풀'은 콩과의 여러해살이풀로 '클로버'라고도 한다. 가지는 땅으로 길게 뻗으며, 잎은 3개이지만 드물게 4개인 것도 있다. 일반적으로 네 잎 클로버는 행운을 상징한다.

• 인터넷

　　클로버의 네 번째 잎은 가축들이 뜯거나 밟아 생장점에 생긴 상처로 인해 나타나는 현상이다. 그래서 네 잎 클로버는 가축이나 사람들이 밟고 지나다니는 곳에 더 자주 나타난다.

─── 작문 개요 ───

제목: 네 잎 클로버에서 얻는 삶의 지혜

매체: 교내 신문

[처음] • 네 잎 클로버를 찾아본 경험

[중간]

• 네 잎 클로버에 대해 새롭게 알게 된 사실

– 외부의 힘에 의해 (㉠)을/를 다쳐서 생기는 현상

– 클로버는 (㉡)을/를 극복하고 네 잎 클로버가 됨.

[끝] • 네 잎 클로버를 통해 얻은 깨달음

– (㉡)을/를 극복하면 행운을 얻은 것과 같은 삶을 살 수 있음.

㉠: ＿＿＿＿＿＿＿＿＿

㉡: ＿＿＿＿＿＿＿＿＿

선다형 1번~3번과 서답형 1번 문제는 듣고 푸는 문제입니다. 녹음 내용을 잘 듣고 물음에 답하기 바랍니다. 내용은 한 번만 들려줍니다.

듣기평가

1 (물음) 남학생의 말하기에 대한 이해로 적절한 것은? [4점]

① 병원 생활의 불편한 점을 듣고 병원 측에 이에 대한 개선책을 건의했다.

② 이모에게 불안감을 준 것을 사과하고 희망적인 이야기로 이모를 위로했다.

③ 고맙다는 말만으로는 감사가 충분히 표현되지 않아 이모가 베푼 호의를 언급했다.

④ 이모가 꺼려하는 화제를 꺼낸 것을 후회하고 치료와 무관한 쪽으로 화제를 전환했다.

⑤ 이모의 부탁을 단호히 거절한 것을 반성하고 부탁을 들어주기 어려운 사정을 설명했다.

2 (물음) 강의에서 설명한 논제의 예시로 적절한 것은? [4점]

① 선의의 거짓말은 필요하다.

② 지구는 태양 주위를 공전하고 있다.

③ 앞으로도 계속 에너지를 절약해야 한다.

④ 독서 시간에 다른 생각을 하지 말아야 한다.

⑤ 우리 지역에 청소년을 위한 문화 센터를 건립해야 한다.

3 (물음) 발표자의 질문에 대한 대답으로 가장 적절한 것은?

[4점]

① 비웃거나 놀리는 조롱의 표현

② 흠을 들추어 헐뜯는 험담의 표현

③ 저속한 말로 모욕하는 욕설의 표현

④ 불행이 일어나길 바라는 저주의 표현

⑤ 겁을 주며 압력을 가하는 협박의 표현

코딩

서답형 **1** (물음) 다음은 협상의 진행 과정을 도식화한 것이다. ㉠, ㉡에 알맞은 말을 쓰시오. [5점]

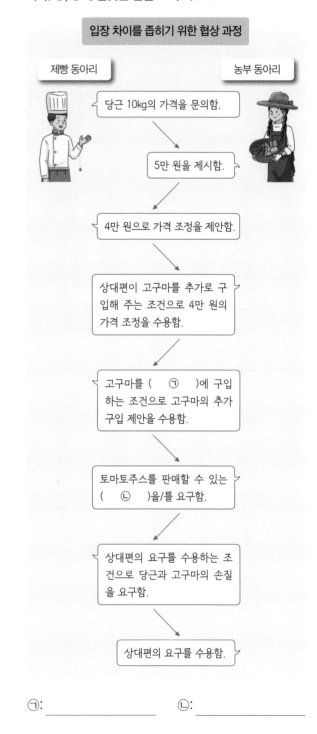

입장 차이를 좁히기 위한 협상 과정

제빵 동아리 / 농부 동아리

- 당근 10kg의 가격을 문의함.
- 5만 원을 제시함.
- 4만 원으로 가격 조정을 제안함.
- 상대편이 고구마를 추가로 구입해 주는 조건으로 4만 원의 가격 조정을 수용함.
- 고구마를 (㉠)에 구입하는 조건으로 고구마의 추가 구입 제안을 수용함.
- 토마토주스를 판매할 수 있는 (㉡)을/를 요구함.
- 상대편의 요구를 수용하는 조건으로 당근과 고구마의 손질을 요구함.
- 상대편의 요구를 수용함.

㉠: _____   ㉡: _____

듣기평가 문제종료 이제 듣기 문제가 끝났습니다.
다음 문제부터는 읽고 푸는 문제입니다.

4 단어의 발음과 일어나는 음운 변동 현상이 <u>잘못</u> 연결된 것은? [4점]

① 닫는[단는]: 비음화

② 달님[달림]: 유음화

③ 굳이[구지]: 구개음화

④ 잡곡[잡꼭]: 된소리되기

⑤ 끝에[끄테]: 음절의 끝소리 규칙

5 ㉠~㉢ 중 |자료|에서 설명하는 의미 변화가 일어난 것은? [4점]

┤자료├

단어의 의미는 시간의 흐름에 따라 축소되기도 한다. 예를 들어 '얼굴'은 원래 형체를 의미하는 말이었으나 현재는 안면만을 의미하게 되었다.

㉠나·랏 :말쌋·미 中듕國·귁·에 달·아 文문字·쫑·와·로 서르 ᄉᆞᄆᆞᆺ·디 아·니ᄒᆞᆯ·씨 ·이런 젼·ᄎᆞ·로 ㉡어·린 百·ᄇᆡᆨ姓·셩·이 니르·고·져 ·홇 ·배 이·셔·도 ᄆᆞ·ᄎᆞᆷ:내 제 ·ᄠᅳ·들 ㉢시·러 펴·디 :몯ᄒᆞᇙ ㉣·노·미 하·니·라 ·내 ·이·를 爲·윙·ᄒᆞ·야 ㉤:어엿·비 너·겨 ·새·로 ·스·믈여·듧 字·쫑·ᄅᆞᆯ 밍·ᄀᆞ노·니

[현대어 풀이]

우리나라의 말이 중국과 달라 한자와는 서로 통하지 아니하여서 이런 까닭으로 어리석은 백성이 말하고자 하는 바가 있어도 마침내 제 뜻을 능히 펴지 못하는 사람이 많다. 내가 이를 위하여 가엾게 여겨 새로 스물여덟 자를 만드니

① ㉠ 　　② ㉡ 　　③ ㉢

④ ㉣ 　　⑤ ㉤

[창의]

[서답형] **2** |자료|는 '민지'가 외국인 친구 '뚜언'이 통화하는 것을 듣고 국어의 높임 표현에 대해 말해 주는 상황이다. '민지'의 말을 참조하여 ㉠, ㉡에 들어갈 말을 쓰시오. [5점]

┤자료├

뚜언: 응, 동수야. 내가 할머니를 데리고 내일 선생님한테 갈게.

민지: 동수하고 통화했구나. 근데 표현이 조금 어색하더라. 한국의 언어문화에서는 문장의 목적어나 부사어가 가리키는 대상이 윗사람이면 높임 표현에 특히 신경 써야 해. 내가 메모지에 쓴 것을 봐.

> 내가 할머니를 데리고 내일 선생님한테 갈게.
> → 내가 할머니를 ___㉠___ 내일 ___㉡___ 갈게.

㉠: _____

㉡: _____

6~7, 서답형 3 다음 글을 읽고 물음에 답하시오.

㉠이 꽃그늘 아래서

내 일생이 다 지나갈 것 같다.

기다리면서 서성거리면서

아니, 이미 다 지나갔을지도 모른다.

아이를 기다리는 오 분간

㉡아카시아꽃 하얗게 흩날리는

이 그늘 아래서

어느새 나는 머리 희끗한 노파가 되고,

버스가 저 모퉁이를 돌아서

내 앞에 멈추면

여섯 살배기가 뛰어내려 안기는 게 아니라

훤칠한 청년 하나 내게로 걸어올 것만 같다.

㉢내가 늙은 만큼 그는 자라서

서로의 삶을 맞바꾼 듯 마주 보겠지.

기다림 하나로도 깜박 지나가 버릴 생(生),

내가 늘 기다렸던 이 자리에

그가 오래도록 돌아오지 않을 때쯤

㉣너무 멀리 나가 버린 그의 썰물을 향해

떨어지는 꽃잎,

또는 지나치는 버스를 향해

무어라 중얼거리면서 내 기다림을 완성하겠지.

중얼거리는 동안 꽃잎은 한 무더기 또 진다.

아, 저기 버스가 온다.

㉤나는 훌쩍 날아올라 꽃그늘을 벗어난다.

– 나희덕, 〈오 분간〉

6 윗글에 대한 설명으로 적절하지 않은 것은? [4점]

① 시각적 심상을 활용하여 정서를 표현한다.

② 표면에 화자를 노출시켜 시상을 전개한다.

③ 자연물을 인격화하여 주제 의식을 드러낸다.

④ 시의 전반에 화자의 관조적 태도가 드러난다.

⑤ 통사 구조와 시어를 반복하여 운율을 형성한다.

7 ㉠~㉤에 대한 설명으로 적절하지 않은 것은? [4점]

① ㉠: 아이를 기다리는 공간이자 화자의 내면을 드러
내는 공간이다.

② ㉡: 꽃그늘의 아름다운 모습을 색채 이미지로 묘사
하며 계절감을 드러내고 있다.

③ ㉢: 꽃그늘 아래에서 자신은 노인이 되고, 아이는 성
인이 된 미래를 생각하고 있다.

④ ㉣: 성장하여 어른이 된 아이가 화자의 품을 떠난 상
황을 비유적으로 표현한 부분이다.

⑤ ㉤: 짧은 생을 기다림으로 보낸 과거를 후회하며 기
다림의 상념에서 벗어나고 있다.

창의

서답형 3 |자료|를 참고하여 ⓐ에 들어갈 말을 |조건|에 맞게 쓰시오. [4점]

|자료|

시상의 전환이란 시가 진행될수록 화자의 정서나 태도가 급격하게 바뀌거나 시적 상황이 변하며 시의 분위기가 완전히 달라지는 시상 전개 방식이다.

준수

아하, 이 시에서 시상의 전환이 드러난 행은 _____ⓐ_____구나.

|조건|

• ⓐ에 들어갈 시행을 윗글에서 찾아 쓸 것

ⓐ: _____

8 |자료|를 바탕으로 한글 맞춤법의 원리에 대해 이해한 내용으로 적절하지 <u>않은</u> 것은? [4점]

|자료|

한글 맞춤법은 ㉠표준어를 소리대로 적되, ㉡어법에 맞도록 함을 원칙으로 한다. 표준어를 소리대로 적는다는 것은 표준어의 발음대로 적는다는 뜻이다. 어법에 맞도록 한다는 것은 뜻을 파악하기 쉽도록 하기 위하여 각 형태소의 원형을 밝혀 적으라는 뜻이다.

① '며칠'은 ㉠의 원칙이 적용된 것이군.

② '나들이'는 ㉠의 원칙이 적용된 것이군.

③ '믿음'은 ㉡의 원칙이 적용된 것이군.

④ '더욱이'는 ㉡의 원칙이 적용된 것이군.

⑤ '꽃을'을 '꼬츨'로 적지 않는 것은 ㉡에 따라 뜻을 파악하기 쉽도록 한 것이군.

9 |보기|의 제도를 도입하기 위해 설득하는 글을 쓰려고 한다. |자료|를 활용하여 내용을 구상할 때, 적절하지 <u>않은</u> 것은? [4점]

|보기|

물 발자국 제도: 제품을 생산하기 위해 사용되는 물의 양을 표준화하여 제품이나 생산 과정에 표시하는 제도이다. 이 제도는 소비자와 생산자가 물 사용량을 확인함으로써 물 사용량을 줄이도록 유도하려는 것이다.

|자료|

㉠ 우리나라는 물 부족 국가이지만, 1인당 1일 생활용수 사용량은 물 풍요 국가인 일본보다 101 ℓ 가 많음.

㉡ 경제 성장으로 인한 수자원 수요의 증가로 농업용수가 부족해져 2025년에는 세계 곡물 생산량의 30%가 감소할 것이라고 함.

㉢ 미국 ○사는 '물 발자국 제도'를 도입함으로써 제품을 만들 때 드는 물 사용을 줄여 6년 동안 약 2천 6백만 달러를 절약함.

㉣ 우리나라는 인구 밀도가 높아 1인당 사용 가능한 수자원이 세계 평균에 크게 못 미침.

㉤ '물 발자국 제도'는 현재 시행되어 좋은 성과를 얻고 있는 '탄소 성적 표지 제도'와 성격 및 활용 방식이 유사함.

① ㉠은 우리나라에 '물 발자국 제도'를 도입할 필요성이 있음을 제시할 때 사용할 수 있겠어.

② ㉡은 '물 발자국 제도'를 시행할 때 우리나라의 물 낭비 문제를 해결하는 방안으로 제시할 수 있겠어.

③ ㉢을 '물 발자국 제도'의 활용 사례로 제시하여 경제적 이익을 얻을 수 있다는 점을 강조해야겠어.

④ ㉣을 우리나라 물 부족 원인을 제시하기 위한 자료로 활용할 때 관련 자료를 더 찾아 신뢰성을 높여야겠어.

⑤ ㉤은 '물 발자국 제도'를 '탄소 성적 표지 제도'와 비교하여 설명할 때 사용하면 좋겠어.

[10~11, 서답형 4] 다음 글을 읽고 물음에 답하시오.

인간은 자신의 필요에 맞게 에너지의 형태를 변환하여 사용한다. 예를 들면 연료의 화학 에너지를 열에너지로 전환한 후 자동차를 움직이는 운동 에너지로 바꾸어 사용하는 것이다. 그런데 이러한 변환 과정에서 일부 에너지는 쓸모없는 것이 되어 사방으로 흩어진다. 즉, 의미 없이 버려지는 에너지들이 나타나게 되는 것이다. 이러한 까닭에 과학자들은 손실되는 에너지를 활용하기 위한 효율적인 방안을 연구하게 되었고, 이 과정에서 에너지 하베스팅 기술이 등장하였다.

에너지 하베스팅을 위해서는 에너지를 모을 수 있는 소자를 제작해야 하는데, 이때 몇 가지 원리가 작용한다. 먼저 압전 효과가 있다. 압전 효과는 생활환경에서 발생하는 진동과 압력, 충격과 같은 역학적 에너지*를 전기 에너지로 변환하는 현상으로서 이러한 원리를 바탕으로 제작된 압전 소자를 제품에 부착하여 전기 에너지를 만들 수 있다.

또 다른 원리로는 열에너지와 전기 에너지가 상호 작용하는 현상인 열전 효과가 있다. 온도가 다른 두 물질을 접합하면 그 온도 차이에 의해 전류가 흐르게 되는데 이 방식을 적용하여 열전 소자를 만들 수 있다. 이 소자를 착용형 기기에 부착하면 인간의 신체에서 발생하는 열을 전기로 전환하여 기기를 충전하는 것이 가능하다.

에너지 하베스팅은 최근 등장한 이동 통신 기기나 착용형 기기 등 소형 기기에 적합한 에너지 활용 기술이 될 것으로 평가받고 있다. 작은 에너지를 큰 에너지로 저장하지 않고 직접 소형 기기에 전달하여 사용하는 기술 방식 때문이다. 인류는 여전히 화석 연료의 고갈과 기후 변화라는 문제를 안고 있기에 현재의 인류와 미래의 인류가 함께 살아가기 위해서는 에너지 하베스팅과 같은 대체 에너지 기술 개발이 반드시 필요하다. 에너지 하베스팅은 보다 ㉠적극적인 에너지 절약의 한 방법이 될 수 있을 뿐만 아니라 그러한 문제 상황을 개선하는 좋은 방법으로 활용될 수 있을 것이다.

● **역학적 에너지**: 운동 에너지와 위치 에너지의 합.

10 '에너지 하베스팅'을 ㉠이라고 한 이유로 적절한 것은?

[4점]

① 과학적 원리가 적용된 기술이기 때문
② 화석 연료를 사용하는 기술이기 때문
③ 최근 많이 사용하는 에너지 기술이기 때문
④ 에너지의 이동이 한 방향으로 이루어지는 기술이기 때문
⑤ 버려지는 에너지를 유용한 에너지로 전환하는 기술이기 때문

[창의]

[서답형] **4** [자료]는 윗글을 읽은 학생의 독서 일지이다. '자기 점검표'에서 2가지 항목을 골라 '오늘의 보완점'을 한 문장으로 쓰시오. [5점]

[자료]

○월 ○일 독서 일지

태양 전지 사용 사례를 정리하는 과제를 해결하기 위해 이 글을 골라 읽게 되었다. 평소 과학에 관심이 많아 에너지 하베스팅이 재미있는 소재라고 생각하였지만 전체적으로 내용이 어렵게 느껴졌고 용어도 잘 이해가 되지 않았다. 과제를 하려고 보니 글에 태양 전지 사용 사례가 언급되지 않아 다른 글을 더 찾아보아야겠다고 생각했다.

자기 점검표

쟁점	• 독서 목적에 적합한 글인가? • 자신의 수준에 맞는 글인가? • 자신의 흥미에 맞는 분야인가?

오늘의 보완점

성공적인 독서를 위해서는 _____

_____

융합

11 윗글을 바탕으로 자료의 광고를 평가한 것으로 적절하지 **않은** 것은? [4점]

┌ 자료 ┐

충전에서 자유롭게! ○○스마트워치

아직도 휴대용 기기의 충전 때문에
곤란한 상황을 겪으십니까?
아직도 무거운 휴대용 충전기를
가지고 다니십니까?
이제 그런 걱정은 내려놓으십시오.

바로 당신이 전력!
○○스마트워치

1. ○○스마트워치는 별도의 충전기가 필요 없습니다.
2. 몸에 착용만 하시면 체열을 이용해 스스로 충전이 됩니다.
3. 첨단 기기를 위한 신기술을 적용하였습니다.

① 〈자료〉의 '당신이 전력'이라는 표현에서 인간의 신체로부터 에너지를 얻는 기술을 활용했음을 알 수 있군.

② 〈자료〉의 '별도의 충전기가 필요 없습니다.'라는 표현에서 작은 에너지를 큰 에너지로 저장하는 기술을 활용했음을 알 수 있군.

③ 〈자료〉의 '체열을 이용'이라는 표현에서 열전 효과를 응용했음을 알 수 있군.

④ 〈자료〉의 '스스로 충전'이라는 표현에서 전기를 이끌어 내는 소자를 활용했음을 알 수 있군.

⑤ 〈자료〉의 '첨단 기기를 위한 신기술'이라는 표현을 활용하여 에너지 하베스팅이 최근 등장한 착용형 기기에 적합한 기술이라는 것을 나타내고 있군.

융합

12 자료는 학생이 '건강한 우리 마을 만들기'를 주제로 작성한 학교 신문 기사의 초고이다. ㉠~㉤을 고쳐 쓰기 위한 방안으로 적절하지 **않은** 것은? [4점]

┌ 자료 ┐

지난 9월 1일 '건강한 우리 마을 만들기'를 주제로 마을 축제가 열렸다. 우리 학교 ○○동아리는 지식 나눔이라는 동아리의 활동 취지를 살려 화학적 필터 대신 이끼를 ㉠사용되는 공기 청정기를 만드는 체험 부스를 운영하였다. ㉡이때 이끼 대신 숯을 이용하는 것도 동일한 효과를 낼 수 있다.

이날 부스에는 어린이부터 할아버지, 할머니까지 많은 마을 주민이 방문하여 이끼 필터를 넣은 공기 청정기를 만들어보는 체험을 하였다. ㉢하지만 이렇게 만든 공기 청정기를 마을 ㉣주민들에게 나누어 주어 좋은 반응을 얻었다.

○○동아리는 이번 체험 부스의 성공적인 운영으로 다음달 개최되는 이웃 마을 축제에도 초청되었다. ○○동아리는 이웃 마을 축제에 참여하여 계속해서 (㉤) 실천해 나갈 예정이다.

① ㉠은 능동 표현으로 바꾸어 '사용하는'으로 수정한다.

② ㉡은 글의 통일성을 고려하여 삭제한다.

③ ㉢은 글의 흐름을 고려하여 '그리고'로 수정한다.

④ ㉣은 조사 사용이 적절하지 않으므로 '주민들에'로 고친다.

⑤ ㉤에는 문장 성분이 누락되었으므로 '지식 나눔을'을 추가한다.

(13 ~ 15) 다음 글을 읽고 물음에 답하시오.

도시의 규모가 작은 경우 대부분의 주거 지역은 도시의 중심부인 도심에 위치한다. 그러나 점차 도시가 확대되면 도심에서는 상업과 업무 기능이 확대되고 거주 여건이 악화된다. 그러면 자동차를 소유하고 있는 부유층은 도시 주변 지역인 교외로 주거지를 옮긴다. 도심 인근에 남은 주거 지역은 노동자들의 거처로 사용되다가 노후화되면서 도시 빈민이나 부랑자들이 거주하는 공간으로 바뀌며 점차 황폐해진다.

최근 세계 곳곳에는 도심 인근에 위치한 황폐한 공간을 재개발하는 이른바 도시 재활성화 사업이 이루어지고 있다. 재개발이 이루어지면 과거보다 더 높은 이윤을 창출하는 사무실, 상업 시설 그리고 고소득층을 위한 주거지가 들어서며, 원래의 거주자들은 다른 지역으로 쫓겨나게 된다. 도심 인근 낙후° 지역에 고급 상업 및 주거 지역이 새로 형성되고 원래의 거주자들이 다른 지역으로 밀려나는 이 같은 현상을 젠트리피케이션(gentrification)이라고 한다.

젠트리피케이션의 원인은 다양한 관점에서 설명되고 있다. 지리학자 닐 스미스는 자본의 흐름과 도시 공간의 생산 과정이라는 관점에서 이 현상을 살핀다. 중심 시가지에서 도시 주변으로 거주 인구가 확산하는 교외화 현상이 일어나는 과정에서 자본이 교외 지역에 집중 투자되면서 도심 인근 지역은 낙후 지역이 되어버린다. 이때 이 낙후 지역의 낮은 땅값에 주목한 개발업자들이 자본가와 결탁해 젠트리피케이션이 이루어진다고 보는 것이다. 한편 인문 지리학자 데이비드 레이는 '신중간 계층'의 등장에 주목한다. 신중간 계층은 예술가, 교수, 교사 등의 전문가 집단으로, 이들이 도심 인근을 자신들이 거주하는 공간으로 탈바꿈하면서 젠트리피케이션이 나타난다는 것이다.

㉠도시 재활성화가 이루어지면 도심이 활성화되고 미관이 개선되며 주민들의 평균 소득과 땅값도 오르는 효과를 얻을 수 있다. 그래서 서울을 비롯한 많은 도시에서 도시 재활성화가 진행되는 것이다. 하지만 도시 재활성화는 도심 인근에 살고 있던 원주민과 영세° 상공업자 등을 강제로

도심 밖으로 밀어내는 부작용을 만들어 낸다. 그러므로 도시의 발전 과정에서 젠트리피케이션과 이로 인한 부작용을 피할 수 없다면 도시 재활성화가 이루어지는 지역의 원주민과 영세 상공업자 등을 배려하고 그들과의 상생을 도모하는 노력도 함께 이루어질 필요가 있다.

• **낙후**: 기술이나 문화, 생활 따위의 수준이 일정한 기준에 미치지 못하고 뒤떨어짐.
• **영세**: 살림이 보잘것없고 몹시 가난함.

13 윗글의 서술상 특징으로 가장 적절한 것은? [4점]
① 묻고 답하는 방식을 활용하여 내용을 전개하고 있다.
② 대립적인 견해를 절충하여 새로운 견해를 제시하고 있다.
③ 핵심적인 주장을 제시한 후 근거를 들어 이를 뒷받침하고 있다.
④ 특정 현상이 나타나게 되는 원인과 과정에 대해 설명하고 있다.
⑤ 대상의 구성 요소를 열거한 후 각각의 기능에 대해 소개하고 있다.

14 ㉠의 부작용으로 가장 적절한 것은? [4점]
① 도심 지역이 낙후 지역이 된다.
② 신중간 계층이 도심으로 이동한다.
③ 부유층이 교외로 주거지를 옮긴다.
④ 주민들의 평균 소득과 땅값이 상승한다.
⑤ 원주민과 영세 상공업자들이 도심 밖으로 밀려난다.

코딩

15 |자료|는 젠트리피케이션의 과정을 도식화한 것이다. ⓐ~ⓔ에 대한 설명으로 적절하지 <u>않은</u> 것은? [4점]

| 자료 |

ⓐ 작은 규모의 도시

↓

ⓑ 도시의 확대

↓

ⓒ 부유층의 교외화 현상

↓

ⓓ 도심 인근의 노후화와 황폐화

↓

ⓔ 도시 재활성화

① ⓐ: 주거 지역의 대부분이 주로 도심에 위치한다.
② ⓑ: 도심에 상업과 업무 기능이 확대되면서 거주 여건이 악화된다.
③ ⓒ: 도심의 빈민이나 부랑자들의 주거 공간이 도심 인근에서 밀려난다.
④ ⓓ: 도심 인근에 있는 낙후 지역의 땅값이 낮은 수준을 유지한다.
⑤ ⓔ: 도심이 활성화되고 도시 미관이 개선된다.

16 |자료|의 ㉠~㉭에 대한 이해로 적절하지 <u>않은</u> 것은? [4점]

| 자료 |

선생님: '심정지 확인과 도움 요청'에 대해 배웠습니다. 이제 ㉠이것을 실습하겠습니다. 시범을 보일 학생들은 ㉡여기로 나와 주세요.

학생 1: (쓰러진 사람의 의식을 확인하며) 괜찮으세요? 양복 입은 아저씨! 구급차를 불러 주세요. 청바지 입은 아주머니는 저를 좀 도와주세요.

학생 2: 네. 구급차를 부를게요.

학생 3: 네. 제가 도울게요.

학생 1: 저는 가슴 압박을 할게요. ㉢저기에 가면 자동제세동기가 있습니다. ㉣그것 좀 빨리 가져다주세요.

선생님: (잠시 후) 잘했습니다. 도움을 요청할 때는 "아무나 도와주세요!"라고 하면 안 됩니다. ㉭그렇게 말하지 말고 구체적으로 대상을 가리켜 요청하는 것이 효과적입니다.

① ㉠은 '심정지 확인과 도움 요청'을 대신하는 표현이군.
② ㉡은 말하는 이에게는 멀고, 듣는 이에게는 가까운 곳을 가리키는 표현이군.
③ ㉢은 말하는 이와 듣는 이 모두에게 먼 곳을 가리키는 표현이군.
④ ㉣은 '자동제세동기'라는 단어를 반복하지 않기 위해 대신하는 표현이군.
⑤ ㉭은 "아무나 도와주세요!"라는 말을 다른 말로 대신하는 표현이군.

[17~19, 서답형 5] 다음 글을 읽고 물음에 답하시오.

가 [앞부분 줄거리] 종술은 최 사장의 제안을 받아, 왼쪽 팔에 완장을 차고 저수지 감시직으로 일하기로 한다. 종술의 어머니인 운암댁은 이 소식을 듣고 불안함을 느낀다.

"예, 여그 요짝 왼팔에다 감시원 완장을 처억 허니 둘르고 순시*를 돌기로 혔구만요. 그냥 **맨몸띵이**로 단속에 나서면 권위가 없어서 낚시꾼들이 시삐 보고 말을 잘 안 들어 먹으니께요."

㉠그제서야 종술은 자라 콧구멍을 벌름거리고 메기주둥이를 히죽거려 가며 구태여 자랑스러움을 감추려 하지 않았다.

"오매 시상에나, 니가 완장을 다 둘러야?" / "그깟 놈의 것, 쇠고랑 채울 권한도 없고 그냥 명예뿐인디요, 뭐."

〈중략〉 "너 그것 안 둘르고 감시원 헐 수는 없겄냐?"

당치도 않은 말씀이었다. ㉡순전히 완장의 매력 한 가지에 이끌려 맡기로 한 감시원이었다. 그런데 그걸 두르지 말라는 이야기는 결과적으로 아들더러 언제까지고 개망나니 먹고대학생으로 그냥 세월을 보내라는 이야기나 마찬가지였다.

㉢"에이 참, 엄니도! 엄니는 동네서 사람 대접 쪼께 받고 살라고 그러는 아들이 그렇게도 여엉 못마땅허요?"

"돌아가신 **냥반** 생각이 나서 안 그러냐."

나 지서 순경들이 남쪽으로 후퇴하고 인민군이 내려와서 질서를 잡기까지 공백 상태가 된 면내의 치안을 유지한다는 명목으로 자위대라는 것이 만들어졌다. ㉣하루아침에 세상이 뒤바뀌자 어떻게 돌아가는 판국인지 알아나 봐야겠다며 아침 일찍 집을 나선 남편이 해거름판에야 돌아왔다.

쉬이 돌아올 줄 모르는 남편 걱정으로 진종일 안절부절못한 채 지낸 운암댁은 남편이 자랑스럽게 내보이는 자위대 완장을 대하는 순간 온몸에 우툴두툴 소름이 끼쳤다. 더위 먹은 소가 달만 보아도 헐떡거리는 격으로 그녀는 핏빛으로 붉은 완장의 그 빛깔에서 전에 한번 된통 혼난 적이 있는 왜놈 헌병을 연상했던 것이다. 〈중략〉

"완장한티 고만침 당허고도 당신은 그 웬수녀르 완장이 지긋지긋허지도 않소?"

"이놈의 예펜네가 초장부터 재수 없게 무신 잠꼬대 같은 소리여? ㉤완장 찬 놈들한티 안 죽을 만침 당혀 본 사람이니께 요번참에는 당연히 내 차례가 왔단 말여! 인자부터는 으면 놈도 내 앞에서 함부로 못 까불어!"

거듭되는 운암댁의 잔소리에 남편은 필경 **역정**을 내고 말았다. 생판 다른 사람인 양 남편이 홰까닥 변해 버렸음을 운암댁은 그제야 실감하기에 이르렀다. 아침에 집을 나설 당시의 남편이 토끼였다면 이제 완장을 차고 돌아온 남편은 **살쾡**이였다.

— 윤흥길, 〈완장〉

* 순시: 돌아다니며 사정을 보살핌.

17 ㉠~㉤ 중 |자료|의 '이 부분'에 해당하는 것은? [4점]

> |자료|
> 　작가는 이 작품에 '우리 민족 특유의 해학성에서 비롯되는 재미'가 담겨 있다고 말한다. 가령 '먹고대학'은 실제 있는 대학을 일컫는 게 아니고, 당시 시대 상황에서 한가해 보였던 대학생에 비유하여 직업 없이 먹고 노는 사람을 비꼬아 재미를 주려고 했던 것이다. 그리고 '이 부분'은 인물의 자랑하고픈 표정을 과장스럽게 다른 데 빗대어 표현하면서 웃음을 유발하고 있다.

① ㉠　　　　② ㉡　　　　③ ㉢

④ ㉣　　　　⑤ ㉤

18 (가)와 (나)에 대한 설명으로 적절한 것은? [4점]

① (가)에서 해소되지 못한 인물 간 갈등이 (나)에서 해소된다.

② (가)에서 인물 간 갈등이 발생하게 된 근원이 (나)에서 드러난다.

③ (가)에서 시작된 인물의 내적 갈등이 (나)에서 절정으로 치닫는다.

④ (가)와 (나)에서 동시에 일어나는 갈등 상황이 제시되며 서로의 사건에 영향을 주고 있다.

⑤ (가)에서는 이해관계에 의한 인물 간 갈등이, (나)에서는 가치관에 의한 인물의 내적 갈등이 드러난다.

19 윗글을 이해한 내용으로 적절하지 <u>않은</u> 것은? [4점]

① '맨몸뗑이로 단속에 나서면 권위가 없어서' 완장을 차고 순시를 돌기로 했다는 종술의 말에서 완장이 권력을 뜻함을 알 수 있어.

② '돌아가신 냥반 생각'이라는 운암댁의 말에서 운암댁이 남편의 일을 떠올렸음을 알 수 있어.

③ '더위 먹은 소가 달만 보아도 헐떡거리는 격'이라는 표현에서 운암댁이 과거 경험 때문에 공포를 느끼고 있음을 알 수 있어.

④ '역정'이라는 표현에서 남편은 운암댁의 잔소리를 거부하고 완장을 차고 싶어 함을 알 수 있어.

⑤ '살쾡이'라는 표현에서 남편이 남들한테 물리면서 살고 있음을 알 수 있어.

신유형

서답형 5 |자료|는 윗글을 읽은 학생이 쓴 감상문의 일부이다. |조건|에 맞게 빈칸을 완성하시오. [5점]

|자료|

　말썽이나 부리던 종술이 월급도 많지 않은 저수지 감시원을 하게 된 이유가 '완장의 매력 한 가지'라는 게 의아해서 완장의 의미를 찾아 작품을 다시 꼼꼼히 읽어 보았다.

　종술은 어머니에게 완장이 '그냥 (　ⓐ　)뿐'이라고 하면서도, 한편으로는 완장을 두르고 순시를 돌아야 '권위'가 생긴다고 한다. 결국 그에게 완장은 그저 사람 대접받게 하는 자랑스러움만 의미하는 것이 아니라, 남에게 영향력을 행사할 수 있는 권위를 뜻한다고 볼 수 있다. 그리고 소설 뒷부분에서 종술은 저수지가 마치 자신의 것인 양 마을 사람들뿐만 아니라 자신을 고용한 최 사장에게도 위세를 부린다.

　반면, ⓑ운암댁은 종술이 '완장'을 찬다는 말만 듣고도 '눈앞이 다 캄캄'할 정도로 충격을 받는다.

|조건|

• ⓐ에 들어갈 단어를 (가)에서 찾아 쓸 것.

• ⓑ의 이유를 (나)에 나타난 '남편'의 변화와 관련지어 구체적으로 쓸 것.

ⓐ: _____

ⓑ의 이유: 운암댁은 종술이 _____

_____ 걱정하기 때문이다.

선다형 1번~3번과 서답형 1번 문제는 듣고 푸는 문제입니다. 녹음 내용을 잘 듣고 물음에 답하기 바랍니다. 내용은 한 번만 들려줍니다.

듣기평가

1 (물음) 남학생이 언어 예절에 맞게 말하는 방식으로 적절한 것은? [4점]

① 자신에 대한 칭찬을 상대의 덕분으로 돌리며 말하고 있다.

② 상대가 느끼는 감정을 언급하고 이에 공감하며 말하고 있다.

③ 자신의 상황을 설명하며 부탁하는 내용을 완곡하게 말하고 있다.

④ 상대의 제안을 거절하기에 앞서 그 제안의 긍정적인 점을 밝히고 있다.

⑤ 자신이 잘못한 점을 구체적으로 밝히며 앞으로의 주의를 약속하고 있다.

2 (물음) 강연자가 청중과의 소통을 점검·조정하는 방식으로 적절한 것은? [4점]

① 영상 자료를 보여 주면서 매체의 전달 효과를 점검하고 있다.

② 청중의 요청을 받아들여 발화의 성량과 어조를 조정하고 있다.

③ 강연의 목적을 강조하며 청중 간의 의견 대립을 조정하고 있다.

④ 질문을 던지고 답변을 유도하면서 청중의 이해를 점검하고 있다.

⑤ 청중과 공유했던 경험을 말하며 청중의 배경지식을 점검하고 있다.

━━━━━━━━━━━━━━

융합

3 (물음) 회의 결과, 뉴스에 들어갈 매체 자료가 아닌 것은? [4점]

① 제목을 넣은 토끼 모양의 그래픽 자료

② 학생들이 키우는 반려동물 통계를 담은 원그래프

③ 앞으로 키울 토끼의 모습과 키울 장소를 담은 사진

④ 토끼에 관한 동요를 담은 오디오 자료

⑤ 수의사를 인터뷰한 영상

창의

서답형 1 (물음) 반대 측 토론자의 마지막 발언을 다음과 같이 정리한다고 할 때, ㉠과 ㉡에 들어갈 적절한 말을 각각 조건 에서 한 개씩 골라 쓰시오. [5점]

> 반대 측 토론자의 마지막 발언은 설문 결과를 (㉠)하여 자신의 주장을 (㉡)하고 있다.

| 조건 |
강화, 반박, 수정, 열거, 인용, 추론

㉠: _____

㉡: _____

듣기평가 문제종료 이제 듣기 문제가 끝났습니다.
다음 문제부터는 읽고 푸는 문제입니다.

4 「자료」의 ㉠~㉢을 이어적기 방식으로 바르게 표기한 것은? [4점]

┌ 자료 ┐

• 불·휘 ㉠깊-+-은 남·군 ㉡브룸+애 아·니 :뮐·씨
[뿌리가 깊은 나무는 바람에 아니 움직이므로]

• :시·미 기·픈 ㉢믈+은 ·ㄱ뭇·래 아·니 그·츨·씨
[샘이 깊은 물은 가뭄에 아니 그치므로]

	㉠	㉡	㉢
①	깊은	브르매	므른
②	깊은	브롬애	믈은
③	기픈	브르매	므른
④	기픈	브르매	믈른
⑤	깊픈	브롬매	믈은

코딩

5 「자료」는 문장 성분의 특징을 파악하기 위한 탐구 활동의 일부이다. ㉠~㉲ 중, [A]에 해당하는 것은? [4점]

┌ 자료 ┐

• 그는 ㉠잊을 수 없는 은인이다.

• 이 책은 ㉡내가 외국에서 산 것이다.

• 그는 ㉢시골 풍경을 몹시도 좋아한다.

• 그녀가 ㉣좁은 길을 천천히 걷고 있다.

• 내가 본 비행기는 ㉲무척 빠르게 날고 있었다.

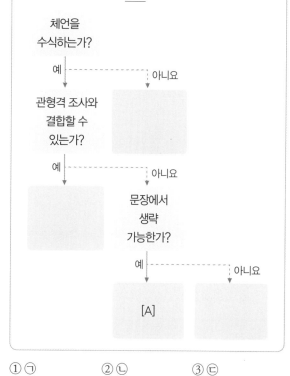

① ㉠　　　② ㉡　　　③ ㉢

④ ㉣　　　⑤ ㉲

서답형 2 「자료」는 피동 표현에 대한 설명이다. 「자료」를 참고하여 ㉠, ㉡에 들어갈 말을 쓰시오. [5점]

┌ 자료 ┐

　주어가 남에 의해 동작을 당하게 되는 것을 나타내는 표현을 피동(被動)이라 하고, 피동이 실현된 문장을 피동문이라고 한다. 국어의 피동사는 대체로 능동사의 어간에 접미사 '-이-, -히-, -리-, -기-' 등이 붙어서 이루어진다.

[학생의 메모]

　'고양이가 쥐를 쫓다.'를 피동문으로 바꾸면 '쥐가 고양이에게 ㉠_____.'가 되겠구나. 이때 능동사 '쫓다'를 피동사로 바꾸기 위해 쓰인 접미사는 ㉡'_____'네.

㉠: _____

㉡: _____

6 |자료|의 ㉠~㉢ 중 학생의 질문 해결에 도움을 줄 수 있는 내용으로 가장 적절한 것은? [4점]

┤자료├

학생: 한국사 수행평가를 준비하며 전통 농기구를 조사하다가, '벼훑이'라는 농사 도구를 찾았어. 이 도구의 이름을 어떻게 읽어야 할지 몰라서 국어사전에서 발음을 찾아봤더니 [벼훌치]더라. 이 발음은 '표준 발음법'의 어떤 내용에 따른 것일까?

벼훑이: 수확한 벼를 훑는 연장

(출처: 『한국민족문화대백과사전』)

'표준 발음법'의 일부

받침 'ㄷ, ㅌ(ㄾ)'이 조사나 접미사의 모음 'ㅣ'와 결합되는 경우에는, [ㅈ, ㅊ]으로 바꾸어서 뒤 음절 첫소리로 옮겨 발음한다. ──── ㉠

예 땀받이[땀바지] 밭이[바치]

겹받침 'ㄳ', 'ㄵ', 'ㄼ'은 어말 또는 자음 앞에서 각각 [ㄱ, ㄴ, ㄹ]로 발음한다. ──── ㉡

예 넋[넉] 앉다[안따] 핥다[할따]

어간 받침 'ㄼ, ㄾ' 뒤에 결합되는 어미의 첫소리 'ㄱ, ㄷ, ㅅ, ㅈ'은 된소리로 발음한다. ──── ㉢

예 넓게[널께] 핥지[할찌]

① ㉠   ② ㉡   ③ ㉢
④ ㉠, ㉡   ⑤ ㉠, ㉢

신유형

7 |자료|의 ㉠~㉢에 대해 이해한 내용으로 적절하지 <u>않은</u> 것은? [4점]

┤자료├

㉠ 할아버지, 과일 잡수세요.
㉡ 저에게 질문을 하셨습니다.
㉢ 부모님께서 할머니를 뵙고 오셨다네.

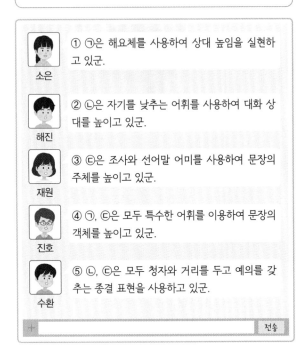

소은 ① ㉠은 해요체를 사용하여 상대 높임을 실현하고 있군.

해진 ② ㉡은 자기를 낮추는 어휘를 사용하여 대화 상대를 높이고 있군.

재원 ③ ㉢은 조사와 선어말 어미를 사용하여 문장의 주체를 높이고 있군.

진호 ④ ㉠, ㉢은 모두 특수한 어휘를 이용하여 문장의 객체를 높이고 있군.

수환 ⑤ ㉡, ㉢은 모두 청자와 거리를 두고 예의를 갖추는 종결 표현을 사용하고 있군.

＋   전송

8~10 다음 글을 읽고 물음에 답하시오.

서양에서는 윤리를 크게 ㉠'목적을 중시하는 윤리'와 ㉡'의무를 중시하는 윤리'로 나누어 왔다. 우선 목적을 중시하는 윤리는 어떤 행위가 좋은 결과를 가져온다면 그것이 곧 윤리라고 본다. 즉 '좋은 것'이 윤리라는 것이다. 이러한 논리에 따르면 좋은 결과를 낼 수 있다면 어떠한 수단도 정당화될 수 있다.

반면 의무를 중시하는 윤리는 우리가 마땅히 지켜야 할 도덕적 의무, 즉 '옳은 것'이 미리 존재한다고 본다. 그리고 '옳은 것'을 위반하면 그 결과가 아무리 좋다고 하더라도 결코 윤리적인 행위로 볼 수 없다는 것이다. 즉 상황에 따라 윤리의 기준이 달라질 수 없으며, 목적이 아무리 옳아도 수단이 정당하지 않으면 안 된다는 것이다.

그런데 의무를 중시하는 윤리는 몇 가지 해결해야 할 문제점을 안고 있다. 예를 들어 자신이 진실을 말했을 때 무고한 사람이 죽게 될 경우, '진실을 말해야 한다.'라는 도덕적 의무와 '무고한 사람을 죽게 해서는 안 된다.'라는 도덕적 의무가 서로 부딪치게 된다. 이러한 상황에서는 어떠한 도덕적 의무를 따라야 하는지 판단하기 어렵다.

따라서 사람들은 목적을 중시하는 윤리에 더 끌리게 된다. 목적을 중시하는 윤리를 대표하는 것이 바로 '공리주의'이다. 공리주의자들은 '최대 다수의 최대 행복'을 중요하게 생각하며, 이를 위해서라면 도덕적 의무를 어겨도 좋다고 말한다. 이처럼 공리주의는 도덕적 의무보다 행위가 가져올 결과를 더 중시한다. 하지만 공리주의 윤리에서도 해결해야 할 문제가 있다. 행위의 결과만을 중요하게 생각하기 때문에 윤리적 행위를 하기까지의 내적 동기를 너무 가볍게 여기는 것이다. 또한 다수에게 이익이 되는 행위가 일반적인 도덕적 의무와 서로 부딪칠 수도 있다. 예를 들어 노숙자들을 한곳에 감금해 놓으면 다수의 사람이 느끼는 불편함은 크게 해소할 수 있겠지만, 이는 개인의 자유와 권리를 존중해야 한다는 도덕적 의무에서는 크게 벗어난다.

이와 같이 목적을 중시하는 윤리와 의무를 중시하는 윤리에서 각각의 문제점이 발생하므로 두 가지 윤리를 대신할 새로운 윤리가 절실히 필요하다. 이 때문에 현대 윤리학자들은 이 두 가지 윤리설을 대신할 새로운 윤리를 구상하기 위해 많은 노력을 기울이고 있다.

8 윗글에 대한 설명으로 가장 적절한 것은? [4점]

① 하나의 관점으로 두 가지 윤리설의 문제점을 검토한 후 해결 방안을 제시하고 있다.

② 두 가지 윤리설의 장단점을 비교한 후 이를 절충한 새로운 윤리설을 이끌어 내고 있다.

③ 윤리설이 역사적으로 발전해 온 과정 속에서 현대 사회에 적용 가능한 윤리를 이끌어 내고 있다.

④ 두 가지 윤리설의 특징과 문제점을 설명한 후 이들을 대신할 새로운 윤리의 필요성을 언급하고 있다.

⑤ 서양 사회에서 두 가지 윤리설이 경쟁해 온 과정을 분석하여 이후에 나타날 문제점을 예상하고 있다.

9 윗글을 읽고 ㉠, ㉡에 대해 보인 반응으로 적절하지 <u>않은</u> 것은? [4점]

① ㉠은 좋은 결과에 도움이 되는 수단을 윤리적인 것으로 판단하겠군.

② ㉡은 행위의 결과보다 결과에 이르는 정당한 수단을 중시한다고 볼 수 있군.

③ ㉠은 ㉡과 달리 결과에 따라 행위의 가치가 달라진다고 믿겠군.

④ ㉡은 ㉠과 달리 어떠한 상황에서도 지켜야 할 도덕적 의무가 있다고 보는군.

⑤ ㉠과 ㉡은 모두 대다수가 누릴 수 있는 행복이 윤리의 기준이 되어야 한다고 보겠군.

10 ㉡의 입장에서 공리주의자 에게 할 수 있는 질문으로 적절한 것은? [4점]

① 소수가 주장하는 입장도 존중해야 하지 않는가?

② 도덕적 의무에서 예외적인 상황의 기준은 무엇인가?

③ 높은 기준의 도덕적 의무를 설정한 이유는 무엇인가?

④ 도덕적 행위에서 내적 동기를 중요하게 생각하는 이유는 무엇인가?

⑤ 다수에게 이익이 되더라도 도덕적 의무에 어긋나면 어떻게 해야 하는가?

11. 서답형 3 다음 글을 읽고 물음에 답하시오.

모란이 피기까지는

나는 아직 나의 봄을 기다리고 있을 테요

모란이 뚝뚝 떨어져 버린 날

나는 비로소 봄을 여읜 설움에 잠길 테요

오월 어느 날 그 하루 무덥던 날

떨어져 누운 꽃잎마저 시들어 버리고는

천지에 모란은 자취도 없어지고

뻗쳐오르던 내 보람 서운케 무너졌으니

모란이 지고 말면 그뿐 내 한 해는 다 가고 말아

삼백예순날 하냥 섭섭해 우옵네다

모란이 피기까지는

나는 아직 기다리고 있을 테요 찬란한 슬픔의 봄을

　　　　　　　　　　　　　　－ 김영랑, 〈모란이 피기까지는〉

11 윗글에 나타난 표현상의 특징으로 가장 적절한 것은?

[4점]

① 설의적 표현을 통해 시적 긴장감을 조성하고 있다.

② 직유의 방식을 통해 대상의 속성을 드러내고 있다.

③ 명령적 어조를 통해 부정적인 상황을 부각하고 있다.

④ 수미상관의 구조를 통해 화자의 정서를 강조하고 있다.

⑤ 다양한 색채어를 통해 계절의 이미지를 표현하고 있다.

창의

서답형 3 윗글에 대한 감상문을 작성하였을 때, ㉠과 ㉡에 각각 들어갈 내용을 |조건|에 맞게 쓰시오. [5점]

　　이 시를 읽으면서 '삼백예순날 하냥 섭섭해 우옵네다'와 '찬란한 슬픔의 봄'이라는 시구에 눈과 마음이 머물렀다. 아무리 섭섭해도 삼백예순날이나 울다니! 찬란함과 슬픔이 공존하다니!

　　모란이 피기만을 기다려 온 화자에게 모란의 소멸은 삶의 보람이 무너져 내리는 일이다. 한 해가 다 가 버린 듯한 서운한 마음을 모란이 피지 않는 '삼백예순날' 내내 운다는 (㉠)된 표현으로 전달하고 있다.

　　화자에게 봄은 모란이 피어서 찬란한 계절이지만, 모란이 (㉡) 계절이다. '찬란한 슬픔의 봄'은 논리적으로 보면 서로 어울리지 않는 시어 '찬란한'과 '슬픔'의 결합을 통해 화자의 복합적인 마음을 효과적으로 담고 있다. 낯설지만 참신한 표현에서 시의 아름다움을 느낄 수 있어서 인상적이었다.

　　화자의 마음을 잘 담아낸 표현을 통해 시는 내용과 형식으로 이루어진 하나의 구조물이라는 말의 뜻을 조금이나마 알 것 같다.

┌ 조건 ├

• ㉠은 한 단어로 쓸 것.

• ㉡은 시적 상황과 화자의 정서를 연결하여 쓸 것.

㉠: _____

㉡: _____

(12~13) 다음 글을 읽고 물음에 답하시오.

집에 오래 지탱할 수 없이 퇴락한 행랑채 세 칸이 있어서 나는 부득이 그것을 모두 수리하게 되었다. 이때 그중 두 칸은 비가 샌 지 오래되었는데, 나는 그것을 알고도 어물 어물하다가 미처 수리하지 못하였고, 다른 한 칸은 한 번밖에 비를 맞지 않았기 때문에 급히 기와를 갈게 하였다.

그런데 수리하고 보니, 비가 샌 지 오래된 것은 서까래 ·추녀·기둥·들보가 모두 썩어서 못 쓰게 되었으므로 경 비가 많이 들었고, 한 번밖에 비를 맞지 않은 것은 재목들 이 모두 완전하여 다시 쓸 수 있었기 때문에 경비가 적게 들었다.

나는 여기에서 이렇게 생각한다. 사람의 몸도 역시 마찬 가지다. 잘못을 알고서도 곧 고치지 않으면 몸이 패망하는 것이 나무가 썩어서 못 쓰게 되는 이상으로 될 것이고, 잘 못이 있더라도 고치기를 꺼려하지 않으면 다시 좋은 사람 이 되는 것이 집 재목이 다시 쓰일 수 있는 이상으로 될 것 이다.

이뿐만 아니라, 나라의 정사도 이와 마찬가지다. 모든 일 에서, 백성에게 심한 해가 될 것을 머뭇거리고 개혁하지 않 다가, 백성이 못살게 되고 나라가 위태하게 된 뒤에 갑자기 변경하려 하면, 곧 붙잡아 일으키기가 어렵다. 삼가지 않을 수 있겠는가?

– 이규보, 〈이옥설〉

12 윗글의 글쓴이가 독자에게 궁극적으로 전달하고자 하는 바로 적절한 것은? [4점]

① 나무가 비를 맞아 썩으면 쓸모가 없어진다.
② 백성에게 해가 되는 개혁은 하지 말아야 한다.
③ 물건을 제때 고치지 않으면 나중에 고치는 데에 비용 이 많이 든다.
④ 사람이든 정치든 문제를 발견하면 즉시 바로잡는 자 세가 필요하다.
⑤ 사람이든 정치든 겉치레에 치중하기보다는 기초를 튼튼히 하는 것이 중요하다.

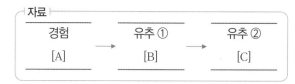

13 │자료│는 이 글의 구조를 도식화한 것이다. [A]~[C]의 내 용으로 적절하지 않은 것은? [4점]

┌─ │자료│ ─────────────────────┐
│   │
│   경험   →   유추 ①   →   유추 ②   │
│   │
│   [A]   [B]   [C]   │
│   │
└──┘

① [A]: 일상생활 속 경험을 구체적으로 제시하고 있다.
② [A]: 대상들을 비교하여 의도하는 바를 더욱 효과적 으로 표현하고 있다.
③ [B]: 경험에서 얻은 깨달음을 사람의 경우에 적용하 고 있다.
④ [B]: 잘못을 고칠 때를 놓쳤더라도 큰 노력을 들이면 좋은 사람이 될 수 있는 생각을 드러내고 있다.
⑤ [C]: '행랑채 → 사람 → 정치'로 의미를 확장하며 늦 기 전에 백성에게 해가 될 것을 제거해야 함을 촉구 하고 있다.

14~15. 서답형 4 다음 글을 읽고 물음에 답하시오.

적정 기술은 주로 저개발 지역의 문화적·정치적·환경적 상황을 고려하여, 삶의 질 향상과 빈곤 퇴치 등을 위해 개발된 기술이다. 적정 기술은 빈곤 퇴치를 위한 방안이라는 의미에서 대안 기술로 불리기도 한다. 지금까지 아시아, 아프리카, 남미의 저개발 국가에서 활용되어 왔으며 의미 있는 성과를 거두기도 하였다.

적정 기술은 주로 열악한 빈곤 지역에서 활용되는 경우가 많아 기술 개발에 몇 가지 조건이 요구된다. 먼저 적정 기술 제품은 적은 비용으로 제작이 가능해야 하고, 쉽게 구할 수 있는 재료를 활용하여야 한다. 또 기술이 쓰이는 지역의 주민 스스로가 제품을 만들 수 있어야 하고, 상황에 맞게 변형할 수 있어야 한다. 그리고 그러한 제품의 사용자가 전문적 지식 없이도 사용 절차와 과정을 쉽게 이해할 수 있어야 한다. 나아가 적정 기술은 현지에서 관련 일자리를 창출하는 것을 목표로 한다.

적정 기술의 대표적인 사례로는 먼저 생명 빨대가 있다. 생명 빨대는 한 사람이 1년간 먹기에 충분한 700리터의 물을 정수할 수 있어, 기생충 감염이나 장티푸스, 콜레라 등 수인성 전염병을 예방할 수 있다. 또 개인용 생명 빨대를 변형하여 가정용 생명 빨대로 활용하기도 한다.

적정 기술의 또 다른 사례로 페트병 전구가 있다. 페트병 전구는 어디서나 쉽게 구할 수 있는 페트병과 물, 표백제만으로 일반 가정에서 사용하는 전구와 맞먹는 빛을 내는 전구이다. 태양빛이 페트병 속을 지나다가 표백제가 섞인 물에 부딪혀 산란되면서 전구와 같이 빛을 내는 것이다. 페트병 전구는 전기가 부족한 저개발 지역에서 주민들 스스로가 손쉽게 제작하여 실내조명으로 널리 활용되고 있다.

하지만 적정 기술 제품이 모두 성공하는 것은 아니다. 예를 들어 생명 빨대는 물을 거르는 필터를 저개발 국가에서 제작할 수 없고, 그것을 이용하는 사람들이 구매하기에는 가격 부담이 크다. 그러므로 적정 기술을 사용하는 사람들에게 실질적인 도움이 될 수 있도록 적정 기술에 대한 지속적인 연구와 개발이 이루어질 필요가 있다.

14 윗글의 내용과 일치하지 <u>않는</u> 것은? [4점]
① 적정 기술은 주로 저개발 국가에서 활용되어 왔다.
② 적정 기술 제품은 저렴한 비용으로 제작이 가능해야 한다.
③ 생명 빨대는 개인용 제품을 변형하여 가정용으로 활용하기도 한다.
④ 적정 기술 제품은 사용 절차와 과정에 대한 전문적 교육이 필요하다.
⑤ 페트병 전구를 실내조명으로 활용하려면 페트병과 물, 표백제가 필요하다.

15 윗글을 읽고 │자료│에 대해 보인 반응으로 적절하지 <u>않은</u> 것은? [4점]

│자료│

① 날이 흐려 ㉠의 양이 줄어들면 페트병 전구의 기능도 떨어지겠군.
② ㉠이 없는 환경에서 빛을 낼 수 있는 적정 기술이 개발될 필요가 있겠군.
③ ㉡과 ㉢만 있다면 사람들이 페트병 전구를 어렵지 않게 제작할 수 있겠군.
④ ㉡과 ㉢은 저개발 국가에 사는 사람들도 쉽게 구할 수 있는 재료여야겠군.
⑤ ㉡에 ㉢을 담기 위한 노동력이 필요하므로 새로운 일자리를 창출하겠군.

서답형 4 윗글을 읽은 학생이 다음과 같이 과제를 수행하였을 때, ㉠과 ㉡에 각각 들어갈 내용을 │조건│에 맞게 쓰시오. [4점]

[과제] 적정 기술이 활용된 사례 찾기
[내가 찾은 사례] 생명 빨대

• 생명 빨대의 특징
- 700리터의 물을 ____㉠____ 할 수 있음.
- 수인성 전염병을 예방할 수 있음.
- 개인용 생명 빨대를 변형하여 가정용 생명 빨대로 활용 가능함.

• 생명 빨대의 단점
- 물을 거르는 필터를 저개발 국가에서 제작할 수 없음.
- 물을 거르는 필터를 이용하는 사람들이 구매하기에는 ____㉡____ 이 큼.

│조건│
• ㉠은 한 단어로 쓸 것.
• ㉡은 두 어절로 쓸 것.

㉠: _____

㉡: _____

창의

16 │자료│는 진로 특강을 들은 후 │작문 계획│에 따라 기록한 학생의 진로 노트 내용이다. │자료│에 반영되지 <u>않은</u> 것은? [4점]

│작문 계획│
• 작문 과제: 진로와 관련된 경험과 성찰을 담은 글쓰기

• 조직 및 표현:
○희망 직업과 관련된 경험에서 얻은 감동과 깨달음을 담는다. ━━ ㉠
○소방서를 방문하여 소방관의 강의를 들었던 경험을 활용한다. ━━ ㉡
○동영상에서 본 소방관의 노고에 대한 존경의 마음을 표현한다. ━━ ㉢
○소방관에 대한 존경심을 나타내 소방관이라는 직업의 가치를 드러낸다. ━━ ㉣
○소방관을 꿈꾸는 친구들과 진로에 대한 경험을 나누기 위한 다짐을 쓴다. ━━ ㉤

│자료│
　진로의 날 행사로 지역 소방서를 방문하여 소방관의 직업 세계에 대한 진로 특강도 듣고 동영상도 보았다. 실제 화재 현장의 위험한 상황에서도 침착하게 화재를 진압하고 인명을 구조하시는 모습이 멋있었다. 게다가 연기로 인해 기절한 고양이를 심폐 소생술로 살려내 가족의 품에 안겨 주시는 모습에서는 진한 감동을 느꼈다. 단순히 불을 끄는 사람이 아니라 우리 삶의 행복까지 지켜 주시는 소방관들이 존경스러웠다. 어려서부터 막연히 소방관을 꿈꿔 왔는데, 더불어 살아가는 우리 사회에 꼭 필요한 직업이라는 생각을 더욱 확고히 하게 되었다. 이 진로 노트를 잘 간직해 두었다가 꿈을 포기하고 싶거나 힘이 들 때 꺼내 보는 나만의 영양제로 삼고 싶다.

① ㉠　　② ㉡　　③ ㉢
④ ㉣　　⑤ ㉤

서답형 5 다음 대화를 읽고, '연수'가 쓴 초고의 밑줄 친 부분을 '동진'의 조언에 따라 고쳐 쓰시오. [5점]

┤대화├

연수: 동진아, 내가 친구들에게 '딸꾹질을 멈추는 방법'에 대한 정보를 전달하는 글을 게시하려고 해. 초고를 썼는데 제대로 썼는지 읽어 봐 줄래?

〈연수의 초고〉

딸꾹질은 횡격막 움직임의 이상으로 인해 성대가 빠르게 닫히며 소리를 내는 것으로 일종의 근육 경련입니다. 딸꾹질은 좀 성가실 뿐 건강에 큰 문제를 일으키지는 않고, 대체로 몇 분 뒤면 자연히 사라집니다. 그렇지만 딸꾹질이 멈추지 않을 경우, 일반적으로 물을 마시거나 팔을 위로 뻗어 횡격막을 펴는 것도 자주 시도되는 방법입니다. 숨을 참거나 봉지에 대고 숨 쉬는 것도 혈액 내 이산화 탄소를 증가시켜 딸꾹질을 멈추게 할 수 있습니다. 또, 소량의 설탕이나 꿀을 섭취하면 뇌에서 위까지 뻗어 있는 미주 신경을 자극하여 딸꾹질을 멈출 수 있습니다. 그래도 딸꾹질이 너무 심하게 계속되면 병원에 가서 약을 처방받아 먹어야 하는데, 그게 너무 부담스럽습니다.

동진: 연수야, 잘 읽었어. 근데 있잖아, 정보를 전달하는 글인데 개인적인 정서를 표현하는 것으로 끝나서 글의 목적에 어울리지 않는 것 같아. 그러니까 마지막 문장은 정보만을 전달하는 문장으로 수정하는 게 좋겠어.

┤조건├

• '-ㅂ니다/-습니다'로 문장을 끝맺을 것.

[고친 문장] 그래도 딸꾹질이 너무 심하게 계속되면

17~19 다음 글을 읽고 물음에 답하시오.

[A] 이놈의 심사가 모과나무 심사"요 성정이 불량하여 부모 생전 전답 나눌 때 저 혼자 차지했으니, 놀보가 부자이기는 했다. 서울 부자 같으면 제사를 받들고 손님을 접대하는 일을 하고 벼슬을 밑천으로 하여 좋은 옷을 입으련마는, 시골 부자 하는 것이 짚 묶음에 쌓여 있는 수확물이 재산이라, 근근이 벌어야 부자라 하것다. 이놈 심사는 십이제국 심사"로 저 혼자 차지하였으되 농사는 익숙하여 칠년대한이 넘어 마흔네 해가 지나가도 농사 시기를 놓치지 않고 벌더니라.

[중략 부분 줄거리] 돈 한 푼 받지 못하고 내쫓긴 흥보는 살길이 막막하여 형 놀보에게 양식을 구걸하러 간다.

[B] "형님 나 왔소."

인사하니, 다정한 형 같으면 '내 동생 날이 추우니 어서 오르라.' 하련마는 박하게 대하는 말투가 주리를 할 놈이었다. 느릿한 목소리를 내어,

"어이 왔노?"

흥보 엎드려 빌 때 두 손 합장하고 무릎 꿇고 지성으로 비는 말이,

"형님 통촉하옵시오. 형님은 뉘시오며 흥보는 뉘오리까. 골육형제(骨肉兄弟) 나 아니오. 천륜지정(天倫之情) 생각하여 동생 흥보 살려 주오. 길을 두고 뫼로 갈까, 의탁할 길 없는 동생이 아니 불쌍하오. 어제저녁 그저 있고 오늘 아침 못 먹었소. 자식들도 배가 고파 반죽음 되었삽고 동생도 배가 고파 죽을 지경되었으니, 형님 처분 바라며 겨우 살아 왔사오니, 돈이든 쌀이든 되는대로 주옵소서. 그것 저것 못 줄진대, 찬밥이나 몽근겨나 싸라기나 지게미나 무엇이든 주옵시면 며칠 동안 굶은 자식 한 끼 먹여 살려 내겠소."

백 가지로 빌 적에, 놀보 놈이 앉아 듣더니 두 주먹을 불끈 쥐어, 긴 창 작은 창 잠근 문을 휘어 당겨 탁 펼치며 눈을 딱 부릅뜨고,

"이놈 흥보야 말 듣거라. 돈 한 돈이나 주자 한들 옥으로 장식한 장막을 친 방의 가죽·나무 궤에 묶음을 지어 넣은 돈을 너 주려고 헐며, 한 되 쌀 주자한들 큰 마루에 있는 큰 뒤주에 가득가득 담았으니 너를 주자고 창고 문 열며, 한 말 벼 주자 한들 천록방을 향해 놓은 곡식 다물다물 쌓였으니 너 주려고 노적(露積) 헐며, 찬밥이나 주자 한들 새끼 낳은 암캐 열두 간 창고 문 앞 마당에 구석구석 누웠으니 너를 주고 개 굶기며, 싸라기나 주자 한들 엉긴 닭이 오십 마리라 너를 이제 주면 병아리를 어이하며, 지게미나 주자 한들 궂은 방 우리 안에 돼지 떼 들었으니 너를 주고 돼지 굶기리. 열 없는 놈 어서 가라."

[C]

– 작자 미상, 〈흥보전〉

● **모과나무 심사:** 모과나무처럼 뒤틀려 심술궂고 순수하지 못한 마음.
● **십이제국(十二諸國) 심사:** 온 나라를 차지하려고 할 정도로 욕심스러운 마음.

17 |자료|를 바탕으로 하여 [A]~[C]에서 판소리계 소설의 특징을 찾은 것으로 적절하지 <u>않은</u> 것은? [4점]

|자료|
　판소리계 소설은 조선 후기의 흥행 예술이었던 판소리가 문자로 정착된 작품들을 지칭하며, 대체로 다음과 같은 특징들이 나타난다. 먼저 노래로 불린 흔적에 의해 운율감이 나타나고, 일상적인 대화체가 사용되어 현장감이 느껴진다. 그리고 열거를 통해 한 장면이 과장·확대되어 제시되고, 서술자가 등장인물에 대해 주관적인 생각을 드러낸 편집자적 논평이 두드러진다. 또한 향유층이 다양해지면서 비속한 표현이 나타나는가 하면 유식한 한자어 표현이 나타나기도 한다.

① [A]에는 서술자의 편집자적 논평이 나타나 있다.
② [B]에는 일상적인 대화체가 사용되고 있다.
③ [B]에는 비속어와 유식한 한자어가 함께 나타나 있다.
④ [C]에는 열거를 통해 장면이 확대되어 제시되고 있다.
⑤ [C]에는 유사한 문장 구조의 반복으로 운율감이 드러나고 있다.

18 윗글의 상황을 이해한 내용으로 적절한 것은? [4점]
① 놀보는 조삼모사(朝三暮四)의 방법으로 흥보의 환심을 사고 있다.
② 흥보는 금의환향(錦衣還鄕)의 심정으로 놀보의 환대를 기대하고 있다.
③ 흥보는 삼순구식(三旬九食)의 처지를 호소하며 놀보에게 구걸하고 있다.
④ 놀보는 막역지우(莫逆之友)의 모습으로 흥보를 격의 없이 맞이하고 있다.
⑤ 놀보는 풍수지탄(風樹之嘆)의 상황에서 흥보의 부탁을 거절하고 있다.

신유형

19 |자료|는 윗글을 읽은 후, 〈흥보전〉 전체를 읽은 학생들이 진행한 독서 탐구 활동의 일부이다. ⓐ에 들어갈 내용으로 적절한 것은? [4점]

|자료|
소현: 〈흥보전〉은 조선 후기를 배경으로 하고 있잖아. 이번에는 당시의 사회상에 대해 탐구해 보자.
종윤: 조선 후기에는 신분제가 중심이 되었던 봉건 사회가 무너져 가고 있었어. 경제적으로 몰락한 양반이 나타났고, 부를 가진 평민들이 양반 신분을 사기도 했지.
도원: 맞아. 동시에 조선 후기는 근대 자본주의 사회로 변화되는 시기였어. 놀보처럼 부를 가진 자들은 더 많은 부를 축적해 갔고, 가난한 자들은 삶의 터전을 잃을 정도로 점점 더 가난해지기도 했지.
소현: 너희들의 의견을 들어 보니, 〈흥보전〉에는 (　ⓐ　)이 나타나 있구나.

① 양반 계층의 이상적인 모습
② 봉건 신분 사회로 회귀하는 모습
③ 경제적 평등이 실현된 사회의 모습
④ 근대 자본주의 사회로 이행하는 모습
⑤ 신분 제약 때문에 평민 계층이 좌절하는 모습

정답과 해설 ➤➤➤➤

1-2 서정 갈래에는 사건을 서술하는 서술자가 없다. 서정 갈래의 말하는 이는 '화자'이다.

2-2 '말없이 고이 보내 드리우리다'에는 사랑하는 사람을 보낼 수 없는 마음을 반대로 표현하는 반어법이 쓰였다.

3-2 제시된 글은 수필이다. 수필은 글쓴이의 경험과 성찰을 바탕으로 하여 감동이나 교훈을 전달하는 문학의 갈래이며, 수필의 '나'는 글쓴이를 말한다.

4-2 소설은 서사 갈래에 해당하는 대표적인 예이다.

5-2 제시된 글은 극 갈래인 희곡이다. 실제 작가의 경험을 솔직하게 고백하는 갈래는 교술 갈래이다.

6-2 "아! 아! 할아버지! 살려 줍쇼, 할아버지!"와 같은 '나'의 말을 통해 웃음을 유발하면서, 해당 장면을 해학적으로 제시하고 있다.

1-1 윗글은 현대 시로, 서정 갈래에 해당하는 작품이다. ④의 설명은 교술 갈래에 해당한다.

1-2 '푸른 노래'는 '노래'라는 청각적 심상을 '푸른'이라는 시각적 심상으로 전이하여 표현했다.

2-1 '나는 수건이가 포도원에서 포도를 훔쳐 온 것을 직각하였다.'에서 '나'가 황수건의 도둑질을 알게 되었음을 확인할 수 있다. 즉, '나'는 황수건이 포도를 훔쳐 온 사실을 아는 상태에서 그가 준 포도를 먹었다.

2-2 수건이가 '나'를 위해 훔쳐 온 포도를 오래 바라보며 아껴 먹는 '나'의 행동에는 황수건에 대한 연민과 고마움이 담겨 있다.

3-1 윗글은 현대 수필로, 글쓴이는 자연물인 참나무의 무연한 모습을 보고 얻은 깨달음을 전달하고 있다.

3-2 글쓴이가 바라는 '겉모습은 어쩔 수 없이 변하더라도 속마음은 변하지 않는 사람'은 세월이 흘러 겉모습이 변하더라도 마음만은 한결같은 사람을 의미한다. 윗글의 글쓴이가 겉과 속이 일치하는 사람이 되고자 하는 깨달음을 얻었다고 보기는 어렵다.

4-1 윗글은 영화 상영을 전제로 쓰인 시나리오이다. 이러한 시나리오는 무대 상연을 전제하는 희곡에 비해 시간적·공간적 제약이 적다.

4-2 윗글은 시나리오로, 연극 상연이 아닌 영화 상영을 전제로 하는 글이다.

1-2 ⑴ [마텽] ⑵ [낟]		2-2 ①	3-2 ②
4-2 ⑴ 먹는다 ⑵ 주성분		5-2 ③	6-2 ③

1-2 ⑴ '맏형'에는 음절 끝의 'ㄷ'이 뒤에 오는 'ㅎ'과 만나 거센소리인 [ㅌ]으로 축약되어 발음되는 거센소리되기가 일어난다. 따라서 '맏형'의 발음은 [마텽]이 적절하다.
⑵ 음절의 끝소리 규칙에 따르면 음절의 끝소리는 'ㄱ, ㄴ, ㄷ, ㄹ, ㅁ, ㅂ, ㅇ' 중 하나로 발음되어야 한다. 따라서 '낫'의 발음은 [낟]이 적절하다.

2-2 '나는'은 용언 '날다'의 어간 '날-'과 어미 '-는'이 만난 형태로 활용된다. 이 과정에서 자음 'ㄹ'이 탈락하는 'ㄹ' 탈락이 일어난다.

3-2 '색연필'은 합성어로, 앞 단어의 끝이 자음 'ㄱ'이고 뒤 단어의 첫 음절이 '여'로 시작하므로 'ㄴ' 첨가(㉠)가 일어나 '색연필'이 [색년필]이 되고, 이어서 음절 끝 자음 'ㄱ'이 뒤에 오는 비음 'ㄴ'의 영향을 받아 비음 [ㅇ]으로 발음되는 비음화(㉡)가 일어난다.

4-2 ⑴ 위 문장은 '주어+목적어+서술어' 구조로 이루어져 있다. 이때 서술어는 '먹는다'이다.
⑵ 위 문장을 구성하는 주어, 목적어, 서술어는 모두 주성분이다.

5-2 [상황 1]에서 높여야 할 대상이 주체인 '교수님'이므로 주격 조사 '께서(㉠)'를 사용하여야 한다. [상황 2]에서 높여야 할 대상 또한 주체인 '선생님'이므로 선어말 어미 '-시-'를 사용하여 '오라고 하셔(㉡)'와 같이 말하는 것이 적절하다.

6-2 중세 국어의 객체 높임 선어말 어미로는 '이'가 아니라 '-ᅀᆞᆸ-/-ᄌᆞᆸ-/-ᅀᆞᆸ-'이 쓰였다.

1-1 ④	1-2 ⑤	2-1 ④	2-2 ②
3-1 ④	3-2 ③	4-1 ④	4-2 ②
5-1 ④	5-2 ③	6-1 ③	6-2 ⑤
7-1 ①	7-2 ⑤	8-1 ④	8-2 ⑤
9-1 ⑤	9-2 ⑤	10-1 ⑤	10-2 ⑤

1-1 빗[빋]은 음절의 끝소리 규칙에 따라 음절 끝 'ㅅ'을 [ㄷ]으로 교체하여 발음한 것이다.

1-2 표준 발음법 제24항은 된소리되기와 관련한 규정이다. 까지다[까지다]에는 된소리되기가 일어나지 않는다.

2-1 '낳은'은 '낳- + -은 → 낳은[나은]'을 거쳐 용언의 어간 끝 'ㅎ'이 탈락한다.

2-2 '자'는 '자- + -ㅏ → 자'를 거쳐 [자]로 발음된다. 이때 어간 끝 모음 'ㅏ'가 'ㅏ'로 시작하는 어미를 만나 탈락한 것이다.

오답 피하기
① 맨입[맨닙]은 'ㄴ' 첨가가 일어나는 예이다.
③ 듣지[듣찌]는 된소리되기가 일어나는 예이다.
④ 설날[설랄]은 유음화가 일어나는 예이다.
⑤ 굳이[구지]는 구개음화가 일어나는 예이다.

3-1 '입학[이팍]'과 '밝히다[발키다]'에는 음운의 축약 현상인 거센소리되기가 일어난다.

3-2 표준 발음법 제12항 [붙임 1]은 거센소리되기와 관련한 규정이다. 커피[커피]에는 거센소리되기가 일어나지 않는다.

4-1 〈보기〉의 문장은 '독립어+주어+부사어+서술어'의 구조로 구성되어 있다. 이때 주어는 '비행기가'이다.

4-2 제시된 문장에서 '물이'는 주어, '얼음이'는 보어, '되다'는 서술어이다.

5-1 주체 높임법과 객체 높임법 모두 특수 어휘를 사용하여 높이고자 하는 대상을 높인다.

5-2 '가셨다(가- + -시- + -었- + -다)'에서 선어말 어미 '-시-'를 사용해 높인 대상은 병원에 간 주체인 '어머니'이다. '아버지'에 대한 높임은 상대 높임법(해요체)을 통해 이루어지고 있다.

6-1 〈보기〉는 어두 자음군에 대한 설명이다. '뿌메'에는 음절의 첫머리에 두 개 이상의 자음(ㅂ, ㅅ)이 오는 어두 자음군이 쓰였다.

6-2 '기·픈'이 현대어 '깊은'으로 풀이되는 것을 고려할 때, '기·픈'과 현대어 '깊은'은 그 의미가 같다.

7-1 '국화[구콰]'는 거센소리되기가 일어난 예이다. 거센소리되기가 일어나는 ②~⑤와 달리 ①의 '놓아[노아]'에는 'ㅎ' 탈락이 일어난다.

7-2 비음화, 유음화, 구개음화, 된소리되기는 음운의 교체 현상이며, 거센소리되기는 음운의 축약 현상이다.

8-1 표준 발음법 제23항은 된소리되기와 관련한 규정이다. 국밥[국빱]은 된소리되기가 일어나는 예이다.

> **오답 피하기**
> ② 신라[실라]에는 유음화가 일어난다.
> ③ 국물[궁물]에는 비음화가 일어난다.
> ⑤ 미닫이[미다지]에는 구개음화가 일어난다.

8-2 표준 발음법 제20항은 유음화와 관련한 규정이다. 여덟[여덜]은 자음군 단순화에 따라 겹받침 'ㄼ' 중 'ㅂ'을 탈락시켜 [여덜]로 발음한다.

> **오답 피하기**
> ① 칼날[칼랄]은 유음화가 일어나는 예이다.
> ② 난로[날로]는 유음화가 일어나는 예이다.
> ③ 물난리[물랄리]는 유음화가 일어나는 예이다.
> ④ 대관령[대괄령]은 유음화가 일어나는 예이다.

9-1 어머니는 특수 어휘 '계시다'를 사용하여 주체인 할아버지를, 도영은 특수 어휘 '모시다'를 사용하여 객체인 할머니를 높이고 있다.

9-2 자신을 낮추는 말을 통해서도 높임 표현을 실현할 수 있다. ⑤에서는 '나'를 낮추는 말인 '저'를 사용하여 자신을 낮춤으로써 대화 상대를 높이고 있다.

> **오답 피하기**
> ① 주격 조사 '께서'를 사용하여 문장의 주체인 '아버지'를 높이고 있다.
> ② 선어말 어미 '-시-'와 주격 조사 '께서'를 사용하여 대화 상대인 '수연'이 아닌, 문장의 주체인 '선생님'을 높이고 있다.
> ③ 특수 어휘 '모시다'를 사용하여 문장의 객체인 할머니를 높이고 있다.

④ 보조사 '요'를 사용하여 대화 상대인 '김 선생님'을 높이고 있다.

10-1 중세 국어에서는 오늘날에 비해 고유어를 많이 사용하였다. 제시된 자료 또한 고유어로 이루어져 있다.

> **오답 피하기**
> ① 중세 국어는 현대 국어와 달리 띄어쓰기를 하지 않았다.
> ② 중세 국어는 글자의 왼쪽에 방점을 찍어 소리의 높낮이인 성조를 나타내었다.
> ③ 중세 국어는 'ㆍ(아래 아)'와 같이 오늘날 사용하지 않는 모음자를 사용하였다.
> ④ 중세 국어는 소리 나는 대로 적는 표기 방법인 이어적기(연철)를 사용하였다. 〈보기〉의 자료는 '깊은'을 '기·픈'으로 표기하는 등 이어적기의 방식을 따르고 있다.

10-2 중세 국어에는 현대 국어와 달리 객체 높임 선어말 어미로 '-숩-/-줍-/-숩-'이 사용되었다.

1-2 배경지식이란 어떤 일을 하거나 연구할 때, 이미 머릿속에 들어 있거나 기본적으로 필요한 지식을 말한다. 제시된 글에는 '알고리즘, 빅데이터, AI, SF 영화, 디스토피아'와 같은 단어가 언급되고 있는데, 이러한 단어에 대한 배경지식이 없다면 제시된 글을 정확하게 이해하기 어렵다.

2-2 읽기 과정에서 글을 읽으며 갖게 된 자신의 생각을 다른 사람과 나누면서 서로 영향을 주고받는 것은 읽기의 특성 중 '사회적 상호 작용으로서의 읽기'에 해당한다.

3-2 문제 해결 과정으로서의 읽기 활동은 글쓴이의 관점이나 생각을 비판하고, 이를 보완하거나 대체할 수 있는 창의적인 방안을 발견하기도 하는 활동이다. 따라서 글쓴이의 생각을 그대로 수용하기보다는 자신의 기준에 따라 스스로 판단하여 비판적으로 읽어야 한다.

4-2 제시된 읽기 방법은 재미, 감동, 깨달음을 얻기 위한 읽기에 해당한다. 이러한 읽기에는 예술 비평문 읽기가 해당한다.

5-2 〈보기〉에는 매체 자료의 적절성을 평가하며 읽는 방법이 제시되어 있다. 따라서 〈보기〉와 관련 깊은 읽기의 방법은 '매체에 따른 읽기'이다.

6-2 새롭게 알게 된 내용의 활용 방안을 생각하는 것은 읽기 후 활동 내용에 해당한다.

1-1 윗글은 스마트폰 중독 위험에 노출된 청소년들의 실태를 문제로 다루고 있다. 따라서 이 글을 문제 해결 과정으로서 읽는다면 청소년의 스마트폰 중독 문제를 어떻게 해결할 수 있을지에 대해 생각해 볼 수 있다.

1-2 윗글은 청소년들에게 스마트폰이 큰 영향을 미치고, 청소년들의 스마트폰 중독 비율이 높아지고 있다는 내용을 담고 있다. 윗글을 바탕으로 예상할 수 있는 글쓴이의 주장으로 가장 적절한 것은 청소년들의 스마트폰 중독을 막을 수 있는 방법을 마련해야 한다는 것이다.

2-1 글쓴이는 건축가가 한 일이란 운동장에 구조물을 만들어 등나무가 자라나게 한 것이고, 나머지는 모두 자연에서 일어나는 일과 서로 긴밀하게 결합하면서 완성되었다고 말한다. 따라서 글쓴이가 생각하는 바람직한 건축은 자연과 인간, 자연과 건축이 하나가 되는 건축이라고 할 수 있다.

2-2 이 학생은 글을 읽으며 형성한 자신의 생각을 다른 사람과 나누었고, 이를 통해 자신이 읽은 글의 의미에 대해 다시 고찰하였으므로 사회적 상호 작용으로서의 읽기 활동을 한 것이라고 볼 수 있다.

3-1 윗글은 설명문으로, 설명문을 읽는 목적은 지식이나 정보를 습득하기 위해서이다. 글을 읽고 감동을 주는 부분을 찾아 내면화하는 것은 재미, 감동, 깨달음을 얻기 위해 글을 읽을 때 필요한 활동이다.

3-2 ㉠은 윗글에서 정확히 내용을 제시하지 않고 독자에게 판단을 맡긴 부분으로 숨겨진 의미에 해당한다. 학생의 반응으로 미루어 볼 때, 학생은 ㉠을 읽고 자신의 배경지식을 활용하여 숨겨진 의미를 추론하였다고 볼 수 있다.

4-1 윗글의 글쓴이는 의사와 약사의 업무와 같이 전문적 분야의 일마저 로봇이 대체하게 된 현실을 제시하면서, 다양한 분야의 일자리를 로봇에게 내준 인간 노동자들이 앞으로 일자리를 얻기 힘들 수도 있다는 전망을 하고 있다.

4-2 읽기 과정을 점검하고 조정하면 읽기 목적에 맞는 읽기 방법을 활용하고 있는지를 알 수 있고, 이해되지 않는 부분을 다양한 방법으로 해결할 수 있다. 그 결과 읽기 목적을 효율적으로 달성할 수 있고, 글을 좀 더 깊이 있게 이해할 수 있다.

기초성취도 평가 1회

문항 번호	영역	정답
1	듣기·말하기	③
2	듣기·말하기	①
서답형 1	듣기·말하기	점층
3	문법	③
4	문법	③
서답형 2	문법	차 한 잔으로도 삶에 대한 잔잔한 기쁨과 감사를 누릴 수 있을 것이다.
5	쓰기	③
6	문학	③
서답형 3	문학	함박눈
7	문학	③
8	문학	②
9	문법	③
10	문학	③
11	문학	①
12	문학	②
13	읽기	①
14	읽기	②
15	읽기	②
16	읽기	①
서답형 4	읽기	ⓒ

1 다음은 대화의 일부를 들려 드립니다. 잘 듣고 물음에 답하십시오.

남학생: 안녕, 주말 잘 보냈어? 지난주 선생님께서 내 주신 모둠별 과제 오늘까지 해 오기로 했는데 다 했니?

여학생: 미…… 미안해. 갑자기 일이 생겨서 미처 완성하지 못했어.

남학생: 나는 오늘 약속 지키려고 밤잠까지 줄여 가며 내가 맡은 부분 간신히 다 해 왔는데……. 이래서 모둠별 과제가 늘 어렵더라. 참 난감하네. 그럼 오늘 오후까지는 다 할 수 있겠어?

여학생: 정말 미안한 말인데, 힘들 것 같아.

남학생: 그것도 안 된다고? 너무 무책임하잖아.

여학생: 과제를 할 형편이 아니어서 그런 거야. 영문도 모르면서 그렇게 다그치지 마.

남학생: 그러면 무슨 중요한 일인지 들어나 보자. 뭔데?

여학생: 그저께 어머니께서 편찮으셔서 병원에 입원하시게 됐어. 그래서 어머니를 간호하며 병원에서 지내다 보니 과제를 할 시간이 없더라고.

남학생: 그런 일이 있었구나. 난 그것도 모르고…… 많이 걱정되겠다. 나도 저번에 비슷한 일을 겪었는데 걱정돼서 아무것도 못 하겠더라. 어머니는 좀 괜찮으셔?

여학생: 응. 좀 나아지셨어. 이해해 줘서 정말 고마워.

* 음영 부분은 읽지 않음.

여학생은 입원한 어머니를 간호하느라 과제를 할 수 없었다고 말하고 있다. 이에 남학생은 비슷한 일을 겪었던 자신의 경험을 말하면서 여학생의 처지에 공감하고 있다.

2, 서답형 1 이번에는 강연의 일부를 들려 드립니다. 잘 듣고 선다형 2번과 서답형 1번 두 물음에 답하십시오.

여러분, 오늘은 '방언과 건강한 문화'에 대해 말씀드리려 합니다. '방언'이란 지역이나 사회적 계층에 따라 차이를 보이는 말입니다. 일상에서는 지역 방언을 사투리라 부르기도 하는데요. 사람들은 대개 방언을 표준어에서 벗어난 일탈로 생각하여 표준어를 방언보다 우수한 언어로 봅니다. 그렇지만 실제로는 표준어도 하나의 방언에 바탕을 두고 있지요. 다만, 대다수 사람들이 사용하는 언어이며 의사소통의 효율성이라는 것 때문에 다른 방언들보다 중요하게 생각할 뿐이지요.

그렇다면 지역 방언은 어떠한 가치가 있을까요? 방언은 한 개인이 태어나고 자라면서 가족이나 주위 사람들에게 들으며 배운 언어입니다. 그래서 방언에는 한 개인은 물론이고 가족, 마을, 나아가 그 마을이 속한 지역의 문화가 담겨 있는 것이지요. 방언의 보존은 문화의 보존을 의미하기도 합니다. 결국 방언의 사용을 통해 개인은 가족과 이웃에 대해 친밀감을 느낄 수 있고, 지역 공동체는 지역 문화의 고유성을 보존하는 데 도움을 얻을 수 있으며, 국가는 여러 지역의 문화 다양성을 보존할 수 있습니다.

여러분, 건강하고 아름다운 문화는 획일적이지 않습니다. 다양한 개성을 지닌 개인들, 그리고 그들이 나서 자란 마을, 더 나아가 그 마을이 속한 지역의 다양한 특성이 어우러져야 한 나라의 건강한 문화가 형성됩니다. 그렇다면 건강한 우리 문화를 만들어 나가기 위해서 표준어뿐만 아니라 여러 다른 방언들도 보존해야 하겠지요.

여러분, 여러 가지 색실이 교차된 아름다운 문양의 양탄자를 보신 적 있으세요? 양탄자는 아름다운 무늬를 가졌을 뿐만 아니라 튼튼하기도 합니다. 이러한 씨실과 날실이 이루는 무늬가 우리가 지켜 나가야 하는 모습이 아닐까요?

2 강연자는 표준어뿐만 아니라 방언도 중요한 가치를 가짐을 언급하면서, 건강하고 아름다운 문화란 획일적이지 않고 다양한 개성과 특성이 어우러져 조화를 이룰 때 형성됨을 '씨실과 날실이 이루는 무늬'에 빗대어 설명하고 있다.

서답형 **1**
강연자는 '방언의 사용을 통해 개인은 가족과 이웃에 대해 친밀감을 느낄 수 있고, 지역 공동체는 지역 문화의 고유성을 보존하는 데 도움을 얻을 수 있으며, 국가는 여러 지역의 문화 다양성을 보존할 수 있'다고 하였다. 이로 볼 때, 강연자는 문장의 뜻을 점점 강하게 나타내는 점층(㉠)적 표현을 사용하여 '개인 → 지역 공동체 → 국가'와 같이 범위를 점차 넓혀 가면서 방언의 가치에 대한 내용을 심화하고 있다.

3 '아니오[아니요]'나 '콩엿[콩녇]'과 같이 없던 음운이 새로 더해지는 것은 음운 첨가 현상이 일어난 것이다. 그러나 '남녀(男女)'의 '녀(女)'는 본래 한자음이 '녀'이므로 음운이 첨가되었다고 볼 수 없다.

4 ㉠은 주어, ㉡은 목적어, ㉢은 부사어이다. ㉢은 서술어 '삼았다'가 반드시 필요로 하는 필수적 부사어로, [A]에 해당한다.

서답형 **2**
한글 맞춤법 제2항에 따라 각 단어를 띄어 쓰되, 제41항에 따라 조사인 '으로'와 '도', '에', '과', '를', '이다'는 앞말에 붙여 써야 한다. 또한 제42항에 따라 의존 명사인 '수', '것'은 띄어 쓰고, 제43항에 따라 단위를 나타내는 명사인 '잔'도 띄어 써야 한다.

9 '·(아래아)'는 현대 국어에서는 쓰이지 않는 글자이다. 그러나 모음 'ㅣ'는 중세 국어와 현대 국어에서 모두 쓰이는 글자이므로 ③의 진술은 적절하지 않다.

13 윗글은 욕망에 대한 맹자, 순자, 한비자의 관점을 소개하고 이 관점들을 서로 비교하고 있다.

14 맹자는 인간이 '본래 선한 본성을 갖고 태어'난다고 보았고, 순자는 인간이 '원래 이기적이고 질투와 시기가 심하며' 이기적 욕망에 사로잡힌 존재라고 했다. 즉 ㉡은 '맹자'에만 해당하는 내용이다.

15 윗글은 태아가 출생하면서 겪는 호흡 방법과 혈액 순환 방식의 변화를 설명하고 있다. 아이는 산도를 지날 때와 첫 울음을 울 때 받는 압력으로 폐호흡이 가능해지며 이에 따라 심장에도 큰 변화가 일어나 어른과 같은 방식으로 혈액 순환의 방식이 전환된다. 따라서 이 글의 표제로는 '신생아의 놀라운 적응력'이 가장 적절하며, 표제에 대한 설명인 부제는 '호흡과 심장 구조의 변화를 중심으로'가 적절하다.

16 태아형 적혈구(㉠)가 태아가 출생하면서 모세혈관으로 밀려난다는 내용은 없다. 폐 서팩턴트(㉡)가 포함된 폐수 중 일부가 태아가 첫울음을 울 때 모세혈관 등으로 밀려나는 것이다.

서답형 **4**
3문단에 따르면 태아의 폐호흡의 시작과 함께 난원공이 닫히고, 동맥관은 서서히 수축하여 막히게 된다. 따라서 태아의 폐가 활성화된 후 가장 먼저 변화를 일으키는 곳은 ㉢(난원공)이다.

기초성취도 평가 2회

문항 번호	영역	정답
1	듣기·말하기	③
2	듣기·말하기	②
서답형 1	듣기·말하기	㉠ 낙관적 ㉡ 예외적
3	문법	②
4	문학	③
5	문학	②
6	문학	②
서답형 2	문학	세상에서 가장 아름다운 상처를 터뜨린다.
7	읽기	②
8	읽기	②
서답형 3	읽기	ⓐ 보존성 ⓑ 가독성
9	문학	③
10	문학	②
11	문학	②
12	읽기	②
13	읽기	③
서답형 4	문법	ⓐ 오시라고 했어. ⓑ 오라고 하셨어.
14	문법	③
15	문법	②
16	쓰기	③

1 다음은 대화를 들려 드립니다. 잘 듣고 물음에 답하십시오.

동생: (풀이 죽은 음성으로) 다녀왔습니다.

언니: 응, 수영이 왔구나? 그런데 학교에서 무슨 일 있었니? 표정이 왜 이리 어두울까?

동생: (귀찮은 듯이) 별로 말하고 싶지 않아.

언니: 무슨 일 있었구나. 망설이지 말고 말해 봐, 언니는 항상 수영이 편이잖아.

동생: 사실은 오늘 학교에서 미희랑 좀 안 좋았어.

언니: 그래? 그 단짝 친구 미희 말이야? 무슨 일인데?

동생: 사실 얼마 전에 친구들과 이야기를 하다가 실수로 미희의 비밀을 친구들에게 말하게 됐어. 그런데 미희가 그걸 알게 됐나 봐. 오늘 쉬는 시간에 찾아와서 왜 자신의 비밀을 얘기했냐고 화를 내는 거야.

언니: 그런 일이 있었구나. 친한 친구와 다투게 되었으니 정말 힘들었겠다. 그렇다고 계속 이렇게 지낼 수는 없고, 뭔가 좋은 방법이 없을까?

동생: 일부러 그런 것도 아닌데, 따로 만나서 사과하기는 좀 그래.

언니: 그런데 말이야, 만약 누군가의 실수로 사람들이 너의 비밀을 알게 된다면 너는 어떨 것 같아?

동생: 당연히 화가 나지.

언니: 그렇겠지? 미희도 어쨌든 친구인 너로 인해 비밀이 알려졌으니 화가 나지 않았을까?

동생: 그렇게는 생각 안 해 봤는데 언니 말을 듣고 보니 내가 뭘 잘못했는지 알 것 같아. 미안해서 어쩌지?

언니: 지금 네 마음을 미희에게 말하면 어떨까? 그러고 나서 진심으로 사과하면 미희도 받아 줄 거야.

동생: 그래야겠어. 내일 미희를 만나면 바로 말해야지. 고마워, 언니.

* 음영 부분은 읽지 않음.

언니는 동생의 말을 듣고 동생에게 미희의 입장에서 생각해 볼 수 있는 질문을 던진 다음, 문제를 해결하기 위해 미희에게 진심으로 사과하라고 조언하고 있다.

2, 서답형 1 이번에는 토론의 일부를 들려 드립니다. 잘 듣고 선다형 2번과 서답형 1번 두 물음에 답하십시오.

사회자: 얼마 전 학교에서 재설치하기로 결정한 매점을 학생들이 운영했으면 좋겠다는 건의가 많았습니다. 그래서 이번 시간에는 '학생회에서 매점을 운영

해야 한다.'는 논제로 토론하겠습니다. 먼저 찬성 측 입론해 주십시오.

찬성 측: 저희는 학생회에서 매점을 운영해야 한다고 생각합니다. 이전에 매점이 폐쇄되었던 이유는 판매하는 품목에 학생들의 요구가 제대로 반영되지 않았고 교문 밖 가게보다 비싸기도 했기 때문이죠. 하지만 학생회에서 운영하게 되면 학생들의 요구를 반영하여 물품을 구비하고 시중 가게보다 저렴한 가격으로 판매할 수 있습니다.

사회자: 이제 반대 측에서 질문해 주십시오.

반대 측: 방금 시중 가게보다 저렴한 가격으로 판매할 수 있다고 하셨는데, 학생회에서 매점을 운영하더라도 물품을 외부에서 구매해서 매점에서 되파는 형태로 운영할 수밖에 없습니다. 물품마다 정해진 가격이 있는데 시중 가게보다 저렴하게 판매하는 것이 가능합니까?

찬성 측: 네. 우선 도매상 같은 곳을 이용하면 저렴하게 물품을 구입할 수 있습니다. 그리고 학생회에서 운영하게 되면 이윤이 목적이 아닙니다. 이윤을 남기지 않아도 되니 시중 가게보다 저렴하게 팔 수 있습니다.

사회자: 이번에는 반대 측에서 입론해 주십시오.

반대 측: 저희는 학생회에서 매점을 운영하는 것에 반대합니다. 매점을 운영하려면 쉬는 시간이나 점심시간을 할애해야 하는데, 학생회 학생들도 학교에서 여러 가지 활동을 하기 때문에 시간적으로 부담이 됩니다. 그리고 매점 운영을 위해서는 예외적 상황에 대한 대비책이 있어야 하는데, 만약 어떤 학생에게 일이 생겨 담당 시간에 자리를 비우게 된다면 그 시간을 대신할 사람을 찾기가 어려울 것입니다.

사회자: 이제 찬성 측에서 질문해 주십시오.

찬성 측: 학생회에서 운영을 맡게 된다면 학생들에게 시간 부담이 클 것이라고 했는데, 전혀 부담이 될 것이 없습니다. 여러 학생들이 각자 시간을 나누어 맡기만 하면 됩니다. 그러면 정해진 시간에 따라 운영될 것이고, 부담이 늘어날 것도 없지 않습니까?

* 음영 부분은 읽지 않음.

2 반대 측의 질문에 대하여 찬성 측은 도매상을 이용하면 물품을 저렴하게 구입할 수 있으며, 이윤을 남기지 않으면 시중 가게보다 저렴하게 팔 수 있다고 하였다.

서답형 1
반대 측에서는 학생들에게 시간적으로 부담이 된다는 문제를 제기하였는데, 찬성 측은 여러 명이 각자 시간을 나누어 맡으면 부담될 것이 없다며 상황을 낙관적(㉠)으로 보고 있다. 또 반대 측에서 예외적 상황에 대한 대비책을 묻고 있으므로 설득력을 높이기 위해서는 예외적(㉡) 상황이 발생할 수 있다는 것을 고려하여 발언하는 것이 좋다.

3 '축하'는 음절 끝 'ㄱ'이 뒤의 'ㅎ'과 만나 거센소리로 바뀌어 [추카]로 발음된다. 거센소리되기는 대표적인 축약 현상이다.

8 2문단에서 양장의 방법을 확인할 수 있다. 그림에서 @는 표지의 책등, ⓑ는 표지, ⓒ는 면지, ⓓ는 내지이다. 실매기 방식을 활용하는 부분은 내지(ⓓ)이다.

서답형 3
1문단의 내용을 고려할 때, 동물의 뼈나 양피지는 보존과 가독에 어려움이 있는 반면 종이로 된 책은 보존성(㉠), 가독성(㉡), 휴대성이 동물의 뼈나 양피지보다 높았기 때문에 종이로 된 책이 주된 기록 매체가 되었으리라고 추론할 수 있다.

13 패놉티콘과 전자 패놉티콘 모두 '불확실성'이라는 특성 때문에 죄수나 이용자가 자신의 행동에 주의를 기울이게 만드는 공통점이 있다.

서답형 4
'인혜'의 말에서 높임의 대상은 '선생님'이다. '오다'의 주체는 '도영'으로, 높임의 대상이 아니므로 '오시라고'는 '오라고'로 고쳐야 하며, '(말)하다'의 주체가 '선생님', 즉 높임의 대상이므로 '했어'는 '하셨어'로 고쳐야 한다.

14 '값이'는 어법에 맞도록 적는 원칙이 적용된 것이다. 체언에 조사가 붙는 경우 소리 나는 대로 적지 않고, 어법에 맞도록 적는다. 이는 체언과 조사의 형태를 고정하여 의미를 파악하기 쉽게 하기 위한 것이다.

15 중세 국어에서는 두음 법칙이 적용되지 않아 단어의 첫머리에서 'ㅣ' 앞에 'ㄴ'이 나타나기도 하였다. ㉡을 현대 국어로 표기하면 '이르고자'이다.

기초성취도 평가 3회

문항 번호	영역	정답
1	듣기·말하기	②
2	듣기·말하기	①
서답형 1	듣기·말하기	㉠ 활성화 ㉡ 학생(들)
3	문법	②
4	문법	①
5	문법	③
6	문법	②
서답형 2	쓰기	㉠ 한옥은 외풍이 세다. ㉡ 여닫이문과 미닫이문을 겹쳐서 이중창으로 한다.
7	문학	③
8	문학	①
9	문학	①
10	문학	②
11	문학	③
서답형 3	문학	㉠ 죄의식/죄책감 ㉡ 살생
12	읽기	②
13	읽기	②
14	읽기	③
15	읽기	②
16	읽기	③
서답형 4	읽기	존재감

1 다음은 발표의 일부를 들려 드립니다. 잘 듣고 물음에 답하십시오.

우리의 몸속에 모르핀보다 백 배나 강력한 진정 효과를 주는 성분이 존재한다면 믿을 수 있겠습니까? 주로 뇌하수체에서 만들어지는 '엔도르핀'이 바로 그것입니다. 엔도르핀은 모르핀과 달리 외부에서 주사를 통해 공급할 수 없습니다. 엔도르핀은 통증을 줄여 주거나 기분을 좋게 하는 작용을 하는데요, 그 이유는 엔도르핀을 구성하는 성분 중에서 5개의 아미노산이 모르핀의 성분과 동일하기 때문입니다. 그러면 엔도르핀은 언제 만들어질까요? 주로 통증을 없앨 필요가 있을 때 만들어집니다. 예를 들어 임산부가 분만을 할 때에는 혈액 속의 엔도르핀의 양이 급격히 증가하고 심지어는 신생아 혈액 속의 엔도르핀 양도 함께 높아지는데, 이것은 산모와 신생아의 고통을 줄여 주기 위해서라고 합니다. 또 우리가 의자나 책상 모서리에 몸을 세게 부딪치면 심한 고통이 생기는데요, 이때에도 우리의 몸에 즉시 엔도르핀이 생겨 그 순간이 지나면 고통을 느끼지 못하게 막아 줍니다. 힘들게 운동할 때나 매운 음식을 먹을 때에도 스트레스가 해소되는 느낌이 들고 기분이 좋아지는 것도 역시 엔도르핀의 작용 때문이라고 합니다. 얼마나 멋지고 정교한 인체의 신비입니까?

엔도르핀은 모르핀과 달리 외부에서 주사를 통해 공급할 수 없다고 하였다.

2, 서답형 1 이번에는 토론의 일부를 들려 드립니다. 잘 듣고 선다형 2번과 서답형 1번 두 물음에 답하십시오.

사회자: 안녕하십니까? 요즘 우리 학교 도서관 이용률이 저조하여 문제가 되고 있습니다. 다른 학교에서는 이 문제를 해결하기 위해 도서관을 개방하여 지역 문화 센터로 활용한다고 합니다. 오늘은 '우리 학교 도서관을 지역 문화 센터로 활용해야 한다.'라는 논제를 가지고 토론을 진행하겠습니다. 먼저 찬성 측부터 입장을 말씀해 주십시오.

남자(찬성자): 학교 도서관을 지역 문화 센터로 활용하면 학교 도서관을 활성화할 수 있습니다. 설문 조사는 해 보지 않았지만 현재 학생들이 학교 도서관을 잘 이용하지 않는 이유는 시설이 낡고, 책이 부족하기 때문입니다. 학교 도서관을 지역 문화 센터로 활용하면 예산을 지원받아 장서를 구입하고 시설을 확충할 수 있어서 학교 도서관이 활성화될 것입니다.

여자(반대자): 설문 조사를 안 해 보셨다고요? 학교 도서관을 지역 문화 센터로 활용한다고 해서 학교 도서관이 활성화되는 것은 아닙니다. 현재 학교 도서관이 활성화되지 않는 원인은 도서관 활용 수업을 하지 않고, 도서관에서 운영하는 프로그램이 부족하기 때문입니다. 도서관 활용 프로그램을 개발해서 활발하게 운영하는 것이 해결 방안이지, 학교 도서관을 지역 문화 센터로 활용한다고 해서 문제가 해결되지는 않습니다.

남자(찬성자): 학교 도서관을 지역 문화 센터로 활용하게 되면 우리 학교 학생들에게도 큰 도움이 됩니다. 방금 도서관 프로그램 부족을 문제의 원인으로 말씀하셨는데, 그 문제는 재정 지원을 받아 다양하고 질 높은 도서관 프로그램을 운영하면 해결할 수 있습니다. 또한 학생들이 쾌적한 환경에서 도서관을 이용할 수 있어서 학생들에게 도움이 됩니다.

여자(반대자): 아닙니다. 학교 도서관을 지역 문화 센터로 개방한다고 해서 학생들이 쾌적한 환경에서 도서관을 이용할 수 있는 것은 아닙니다. 학교 도서관을 지역 문화 센터로 만들면 외부인들의 출입으로 학교가 소란스러워져 면학 분위기를 해치고, 학생들이 읽고 싶은 책을 못 읽게 되는 부작용이 생길 것입니다. 따라서 지역 주민에게는 도움이 될지 몰라도 학생들에게는 도움이 되지 않습니다.

* 음영 부분은 읽지 않음.

2 찬성 측 토론자는 학생들이 도서관을 잘 이용하지 않는 이유가 시설이 낡고 책이 부족하기 때문이라고 발언했으나, 설문 조사는 해 보지 않았다고 말하였다.

서답형 1

찬성 측과 반대 측의 첫 번째 발언에서 토론의 쟁점이 '학교 도서관을 지역 문화 센터로 활용하면 학교 도서관을 활성화(㉠)할 수 있다.'임을 알 수 있으며, 찬성 측과 반대 측의 두 번째 발언에서 토론의 쟁점이 '학교 도서관을 지역 문화 센터로 활용하면 학생(㉡)에게 도움이 된다.'임을 알 수 있다.

3 '받고[받꼬]'는 어간의 끝소리가 'ㄷ'이기 때문에 ㉡의 예에 해당하지 않는다.

4 [붙임 1]에서 단어의 첫머리 이외의 경우에는 본음대로 적는다고 하였다. 따라서 '매장' 뒤에 붙는 '량(量)'은 '매장량(埋藏量)'이라고 적는 것이 적절하다.

5 ㉠은 '뵙다'를 사용하여 객체인 '할아버지'를 높이고, 주격 조사 '께서'와 선어말 어미 '-시-'를 사용하여 주체인 '어머니'를 높이고 있다.

6 ㉡은 '강에'에 대응되는 표현이다. '강'을 뜻하는 'ㄱ롭'에 부사격 조사 '애'가 결합하여 이어적기로 표기한 것이다.

오답 피하기

③ '비취요미'는 '비침과'에 대응하는데, 명사형 어미로 '-욤'이 사용되었다. 이는 현대 국어의 명사형 어미인 '-(으)ㅁ'과 같지 않다.

서답형 2

계획에 따르면 글의 주제는 '한옥의 외풍 방지 방안'이고 내용 조직 방법은 '문제(㉠)-해결(㉡) 구조'이다. 이때 〈자료〉에서는 한옥의 외풍이라는 문제(㉠)를 제시하고 이에 대한 해결책으로 이중창(㉡)을 들고 있으므로 이를 바탕으로 문제와 해결 방안을 작성해야 한다.

14 마지막 문단에서 법적 규범인 양천제와 사회 통념상 구분인 반상제가 서로 섞여 중세의 신분 구조를 이루었음을 확인할 수 있으므로 양천제와 반상제가 명확하게 구분되어 사용되었다고 볼 수 없다. 또 지역에 따라 양천제와 반상제를 다르게 사용한다는 내용 또한 언급되지 않았다.

16 3, 4문단에 따르면 세잔은 이중 시점을 통해 대상을 다른 각도에서 보려 하였고, 여기서 더 나아가 형태의 단순화를 통해 대상의 본질을 표현하려 했다. 이러한 세잔의 화풍은 대상의 본질을 드러내기 위해 사물을 다양한 각도에서 바라보아야 한다는 관점을 제공했기 때문에 이후 입체파 화가들에게 직접적인 영향을 미치게 되었을 것이라고 추론할 수 있다.

학업성취도 평가 1회

문항 번호	영역	정답
1	듣기·말하기	⑤
2	듣기·말하기	①
3	듣기·말하기	②
서답형 1	듣기·말하기	㉠ 시간의 효율성 ㉡ 가격 만족도
4	문법	④
5	문법	⑤
6	문법	①
서답형 2	문법	ⓐ 있으신가요 ⓑ 선물을 받는 대상(높임의 대상)인 '할머니'를 높이기 위해 '줄'을 다른 말로 바꿔야 함.
7	문학	④
8	문학	③
9	문학	⑤
10	문법	②
11	문학	④
12	문학	⑤
13	문학	④
서답형 3	문학	㉠ 살아 있는 ㉡ 마음껏 뱉자
14	읽기	④
15	읽기	②
16	읽기	②
서답형 4	읽기	㉠ 책을 처음부터 순서대로 읽었다. ㉡ 필요한 부분만 발췌하여 읽는다.
17	읽기	⑤
18	읽기	⑤
19	읽기	③
서답형 5	쓰기	㉠ 생장점 ㉡ 상처

1 다음은 학생의 발표입니다. 잘 듣고 물음에 답하십시오.

안녕하세요? 오늘 사회 방언에 대해 발표를 맡은 1조입니다. 사회 방언은 세대, 성별, 계층, 직업 등의 사회적 요인에 따라 다양한 언어의 차이로 나타나는데요, 저희 조는 사회 방언 중 세대에 따른 언어의 차이에 대해서 발표하겠습니다.

여러분, '춘추, 함자'라는 말의 뜻을 아시나요? 잘 모르시는 분이 많을 겁니다. 어제 텔레비전 속 어른들이 쓰시던 말인데, 저도 뜻을 몰라서 아버지께 여쭤봐야 했습니다. '레알, 꿀잼'이라는 말은 잘 아시지요? 오늘 아침에 제가 동생에게 '레알, 꿀잼'이란 말을 썼더니, 곁에 계시던 아버지께서 고개를 갸웃하셨습니다. 그리고 뜻을 물어보셨습니다. 아마 그 단어들이 낯서셨나 봅니다. 예에서 보셨듯이 세대에 따라 사용하는 언어에 차이가 있습니다.

그렇다면 이런 차이는 왜 발생하는 걸까요? 요즘 청소년들은 어른들에 비해 긴 말을 줄인 신조어나 유행어를 더 많이 사용하는 경향이 있고, 어른들은 한자어나 속담, 관용구를 많이 사용하는 경향이 있기 때문입니다. 각 세대가 사용하는 언어가 같은 세대 내에서 사용되면 친밀감과 동질감을 형성하는 데 도움을 줄 수 있습니다. 하지만 다른 세대와 대화할 때는 의사소통에 장애를 일으키는 요인이 될 수도 있기 때문에 사용에 유의하는 게 좋겠습니다. 이상 발표를 마치겠습니다.

학생은 사회 방언 중 세대에 따른 언어의 차이에 대해 발표하고 있다. 그러나 ⑤는 지역에 따른 언어의 차이를 보여 주는 예에 해당한다.

2 이제 강연의 일부를 들려 드립니다. 잘 듣고 물음에 답하십시오.

'공감 뉴런'에 대해 들어 보셨습니까? 최근 뇌 과학 분야의 한 연구팀이 '거울신경세포'를 발견하여 학계에 큰 충격을 주었는데요. '공감 뉴런'이라고도 불리는 이 '거울신경세포'는 상대방의 생각이나 행동을 마치 자신의 것인 양 이해할 수 있도록 돕습니다. 이 세포의 발견은 인간이 근본적으로 공감하는 능력을 지닌 존재라는 것을 보여 줍니다.

이때의 공감은 단순히 '나는 너의 고통을 이해한다.'는 개념적 추리가 아니라 직접적인 시뮬레이션을 통해 느낌으로 이해하는 것을 말합니다. 예를 들어, 무릎에 상처가 나 울고 있는 아이의 사진을 보고 있다고 가정해 볼까요? 관찰자는 자신이 다친 것이 아닌데도 마치 자신이 그 따갑고 쓰라린 고통을 느끼는 것처럼 얼굴 표정을 찡그리거나 불편한 기분을 느낍니다. 이는 뇌의 '공감 뉴런'이 아이가 받았을 신체적 고통을 시뮬레이션하기 때문입니다. 관찰자는 아이가 느끼는 것을 거울처럼 그대로 느껴 그 기분을 알 수 있게 됩니다.

공감 능력은 감수성이 예민하고 동정심이 많은 일부 사람들에게 국한된 것이 아닙니다. 우리 모두에게 내재된 능력입니다. 사회에 적응하기 위해 필요하니까 어쩔 수 없이 공감해야 한다는 태도가 아니라 공감 능력을 타고난 존재로 자신을 새롭게 인식할 필요가 있습니다.

강연자는 '공감 뉴런'이라고도 불리는 '거울신경세포'의 발견을 언급하면서, 공감 능력은 인간 모두에게 내재된 능력이므로 공감 능력을 타고난 존재로 자신을 새롭게 인식할 필요가 있다고 강조하고 있다.

3 이번에는 대화를 들려 드립니다. 잘 듣고 물음에 답하십시오.

E. 강아지 짖는 소리(멍멍)
남자: 엇, 깜짝이야! 휴…….
여자: 어머, 아저씨 죄송해요. 어디 다치지 않으셨어요? 우리 예삐도 많이 놀랐지?

E. 강아지 소리(깽깽 깽깽)
남자: 예, 조금 놀랐지만 다치지는 않았어요. 강아지가 귀엽기는 하네요. 그런데 강아지(여자의 말 때문에 끊어짐.).
여자: (급하게 말을 막으며) 맞아요. 맞아! 우리 예삐가 귀엽죠. 워낙 붙임성이 좋아서 사람들도 예삐를 정말로 좋아해요. 우리 예삐도 사람들을 얼마나 좋아한다고요. 방금도 예삐는 아저씨가 좋아서 달려간 거예요.
남자: 강아지는 제가 좋다고 달려왔을지 몰라도 저는 많이 놀랐어요. 그래서 아무래도(여자의 말 때문에 끊어짐.).
여자: (말을 가로막으며) 에이, 좋아서 그랬다니까요. 예삐가 얼마나 순하다고요.

남자: 그렇더라도 사람들이 놀라지 않게 목줄 정도는 채우고 다녀야 하지 않을까요?
여자: 아저씨 말씀을 듣고 보니 너무 제 입장만 생각한 것 같네요. 죄송해요. 앞으로는 그렇게 할게요.

E. 강아지 짖는 소리(멍멍)

* <u>음영</u> 부분은 읽지 않음.

여자는 계속해서 남자의 말을 가로막으며 대화를 이어 가고 있다. 대화를 할 때는 상대의 말을 끝까지 경청한 다음에 말을 해야 한다.

서답형 1 다음 토론을 듣고 물음에 답하십시오.

사회자(여): 안녕하십니까? 화면을 통해 소비자 스스로 정보를 찾고, 주문하고 결제할 수 있는 무인 주문 기기가 늘어나고 있습니다. 오늘은 '무인 주문 기기의 확산을 장려해야 한다.'를 주제로 토론해 보겠습니다.
찬성 측(여): 네. 먼저 무인 주문 기기는 주문과 결제 과정이 간단해 불필요한 대기 시간을 줄일 수 있어 효율적입니다. 한 실험 결과에 따르면, 커피 주문의 경우 점원에게 주문할 때는 1분 정도 걸렸지만, 무인 주문 기기로 주문할 때는 약 30~40초가 걸렸다고 합니다. 여러 대의 무인 주문 기기를 설치하면 주문 시간이 많이 단축되어 소비자의 대기 시간을 획기적으로 줄일 수 있을 것입니다.
반대 측(남): 무인 주문 기기가 항상 대기 시간을 줄일 수 있는 것은 아닙니다. 무인 주문 기기의 이용이 익숙하지 않은 사용자의 경우 오히려 주문 시간이 더 오래 걸릴 수 있습니다. 만약 한 사람의 주문 시간이 오래 걸릴 경우 뒤에서 줄을 선 사람들도 마찬가지로 많은 시간을 기다려야 합니다. 대기 시간을 획기적으로 줄일 수 있다는 것은 전체를 고려하지 못한 주장입니다.
사회자(여): 잘 들었습니다. 이번에는 다른 측면에 대해서도 이야기해 주시죠.

찬성 측(여): 무인 주문 기기는 소비자의 가격 만족도를 높일 수 있습니다. 무인 주문 기기를 사용하면 종업원에게 주문할 때보다 상대적으로 할인된 가격으로 상품을 구매할 수 있습니다. 이 경우, 판매 비용이 절감되어 상품의 가격 인하가 가능하기 때문입니다. 이러한 상품 가격 인하는 소비자의 가격 만족도를 높여 소비자에게 긍정적인 효과를 가져다 줄 것입니다.

반대 측(남): 과연 그럴까요? 문제는 무인 주문 기기를 사용한다 하더라도 상품에 대한 소비자의 가격 만족도는 높지 않다는 점입니다. 종업원에게 주문할 때보다 무인 주문 기기를 사용할 때에 소비자가 구매 과정에서 더 적극적인 역할을 담당하기 때문에 가격 할인을 기대한다는 연구 결과가 있습니다. 하지만 무인 주문 기기는 설치 및 관리에 많은 비용이 들기 때문에 실제로 소비자의 기대만큼 가격을 인하하기는 어렵습니다. 결국 소비자가 느끼는 가격 만족도는 실제로 높지 않을 것입니다.

＊음영 부분은 읽지 않음.

'무인 주문 기기의 확산을 장려해야 한다.'를 주제로 한 토론으로, '시간의 효율성(㉠)', '가격 만족도(㉡)'를 쟁점으로 하여 찬성 측과 반대 측 토론자가 주장을 펼치고 있다.

4 '시미'는 현대 국어 '샘이'에 해당되는 표현으로, '심'에 주격 조사 '이'가 결합된 것이다.

5 어근 '엄격'에는 '-하다'가 붙어 '엄격하다'처럼 쓸 수 있다. 따라서 ⓑ를 적용하여 '엄격히'로 표기해야 한다.

6 ⓐ는 서술어 '결합하다'가 반드시 필요로 하는 필수적 부사어이다. 이러한 필수적 부사어는 문장에서 빠지면 문장의 완결된 의미가 성립하지 않는다. 이와 달리 '나는 동생과 영화를 보았다.'는 부사어 '동생과'를 빼도 '나는 영화를 보았다.'와 같이 문장이 성립한다.

서답형 2

㉠의 경우 사람이 아닌 물건을 직접 높이고 있으므로 '계시다'를 '있으시다'로 고쳐 써야 한다(ⓐ). ㉡의 경우 선물을 받는 대상은 '할머니'이므로 높임의 대상인 '할머니'를 높이기 위해 '주다'를 '드리다'로 고쳐 써야 한다(ⓑ).

8 '새'는 시름 많은 삶을 살아가고 있는 화자가 동병상련을 느끼는 감정 이입의 대상이다. 화자가 새와 합일을 이루고자 하거나, 새를 동경하고 있는 것은 아니다.

10 해돋이[해도지]는 받침 'ㄷ, ㅌ' 뒤에 조사나 접미사의 모음 'ㅣ'가 올 때 일어나는 현상인 구개음화의 예시이다. 이때 밭을[바틀]은 종성의 'ㅌ'을 뒤 음절로 옮겨 연음한 것으로, 구개음화가 일어난 예시라고 보기 어렵다.

서답형 3

윗글의 화자는 눈이 새벽까지 살아 있는(㉠) 모습을 보고, '젊은 시인'에게 '기침을 하자', '밤새도록 고인 가슴의 가래라도 / 마음껏 뱉자(㉡)'와 같이 이야기하면서 현실을 극복할 수 있는 적극적인 행동을 취할 것을 요구하고 있다.

15 글쓴이는 '몇 번이고 이 고비를 거듭하는 속에 탈피에 탈피를 거듭하며 자기를 완성해 간다.'라고 하였다. 즉 글쓴이는 글을 읽으면서 탈피를 거듭하는 것이 자기를 완성하는 방법이라고 여기고 있다.

서답형 4

독서를 할 때는 상황과 목적에 따라 적절한 독서 방법을 선택해야 한다. 〈자료〉에서 학생은 보고서 제출 기한 내에 당에 관한 보고서를 작성할 목적으로 독서를 하는 상황으로, 책을 처음부터 순서대로 읽느라(㉠) 필요한 부분을 시간 내에 찾지 못하고 보고서 제출 기한을 넘기고 말았다. 따라서 대안이 되는 독서 방법으로는 책에서 필요한 부분(당에 관한 정보가 실린 부분)을 발췌하여 읽는 것(㉡)을 들 수 있다.

18 3문단에서 로고테라피(㉠)는 갈등이 반드시 부정적인 것이 아니라 오히려 삶의 어려움을 극복할 수 있도록 하는 힘이 된다고 본 반면, 프로이트의 정신 분석학(㉡)에서는 내적인 갈등이 없는 상태인 항상성을 유지하는 것이 바람직하다고 생각했음을 확인할 수 있다.

19 ⓑ는 프랭클에게 주어진 고통스러운 상황이다. 이는 태도 가치를 얻을 수 있는 상황일 뿐, 창조 가치를 태도 가치로 바꾸는 것은 아니다.

학업성취도 평가 2회

문항 번호	영역	정답
1	듣기·말하기	②
2	듣기·말하기	⑤
3	듣기·말하기	⑤
서답형 1	듣기·말하기	㉠ 원가 ㉡ 권한
4	문법	⑤
서답형 2	문법	㉠ 모시고 ㉡ 선생님께
5	문법	④
6	문학	③
7	문학	⑤
서답형 3	문학	아, 저기 버스가 온다.
8	문법	②
9	쓰기	②
10	읽기	⑤
서답형 4	읽기	독서 목적과 수준에 맞는 글을 선택해야겠다.
11	읽기	②
12	쓰기	④
13	읽기	④
14	읽기	⑤
15	읽기	③
16	문법	②
17	문학	①
18	문학	②
19	문학	⑤
서답형 5	문학	ⓐ 명예 ⓑ 감투 욕심으로 남편처럼 변할까 봐

1 다음은 남학생과 이모의 대화입니다. 잘 듣고 물음에 답하십시오.

> **남학생**: 이모, 저 왔어요!
>
> **이모**: 응, 선우 왔니?
>
> **남학생**: 이모 입원하셨다는 얘기 듣고 놀라서 학교 마치자마자 바로 달려왔어요. 다치신 데는 어떠세요? 많이 아프세요?
>
> **이모**: 아무래도 다리가 부러졌으니 아프긴 하지. 그래도 의사 선생님께서 진통제를 처방해 주셔서 견딜 만해.
>
> **남학생**: (걱정하는 목소리로) 이모, 그런데 뼈 부러졌으면 수술하셔야 되는 거 아니에요? 제 친구도 다리가 부러져서 수술했는데 아직도 걸을 때마다 절뚝거리고 잘 못 걸어요. 이모도 그렇게 되시면 어떡해요? 저 너무 걱정돼요.
>
> **이모**: (덩달아 걱정되는 목소리로) 선우야, 네가 그런 말을 하니까 이모도 너무 걱정되잖아. 불안하게 왜 그래….
>
> **남학생**: 아…. (잠시 휴지) (아주 미안한 듯이) 이모, 죄송해요. 제가 생각이 모자랐어요. 이모 어떠신지 잘 알지도 못하면서…. 의사 선생님께선 뭐라고 하셨어요?
>
> **이모**: 의사 선생님께선 수술도 잘될 거고, 재활 치료랑 운동만 열심히 하면 예전처럼 생활할 수 있다고 하셨어.
>
> **남학생**: 다행이에요, 이모. (희망적인 느낌으로) 의사 선생님 말씀처럼 이모는 금방 회복하실 거예요! 제가 아까 생각 없이 이야기해서 죄송해요.
>
> **이모**: (평정을 되찾은 목소리로) 고마워, 선우야. 이모도 수술이 잘될 거라고 믿고 있어. 그리고 재활 치료도 열심히 받을 거야. 선우도 이모를 많이 도와주렴.
>
> * 음영 부분은 읽지 않음.

남학생(선우)이 다리가 부러져 수술을 한 뒤 후유증을 앓고 있는 친구의 이야기를 하자 이모가 불안해하였다. 그러자 남학생은 자신의 생각이 짧았다고 사과하며 금방 회복할 것이라고 이모를 위로하였다.

2 이번에는 강의의 일부를 들려 드립니다. 잘 듣고 물음에 답하십시오.

> 여러분, 다들 모였나요? 곧 있을 교내 토론 대회에서 여러분이 정책 논제를 선정해서 토론해야 하는데,

정책 논제라는 말이 좀 어렵죠? 그래서 오늘은 선생님이 정책 논제에 관해 설명해 주려고 합니다.

정책 논제란 쉽게 말해 우리 공동체가 직면한 문제에 대한 해결 방안이라고 할 수 있어요. 예컨대 우리 학교 학생들이 주말에 공부하거나 책을 읽을 장소가 마땅치 않아 불편을 겪고 있다고 해 봅시다. 이 문제를 해결하기 위해 "주말에도 학교 도서관을 개방해야 한다."라는 해결 방안을 생각해 냈다면, 이 해결 방안 자체가 바로 정책 토론의 논제가 되는 거예요.

선생님은 학교에서 일어날 수 있는 문제를 예로 들었지만, 여러분이 논제를 선정할 때는 사회적인 차원이나 국가적인 차원의 문제에 대한 해결 방안을 논제로 삼아도 됩니다. 다만, 정책 논제가 포함하는 해결 방안은 현재 상태를 어떤 방향으로든 변화시키는 것이어야 하고, 실행 가능성이 있는 구체적인 것이어야 한다는 점, 꼭 기억하세요. 현재 상태에 문제가 있다면 변화가 있어야만 문제가 해결될 수 있는데, 변화가 있으려면 실행 방안이 구체적이어야 하니까요. 자, 그럼 이제 팀별로 모여서 논제를 정해 볼까요?

강의에서 정책 논제는 우리 공동체가 직면한 문제에 대한 해결 방안이며, 이를 제시할 때는 실행 가능성이 있는 구체적인 것이어야 한다고 했다. 이를 만족하는 정책 논제의 예시로는 '우리 지역에 청소년을 위한 문화 센터를 건립해야 한다.'가 적절하다.

3 이번에는 발표의 일부를 들려 드립니다. 잘 듣고 물음에 답하십시오.

저는 오늘 부정적 언어 표현 중 공격적 언어 표현에 대해 발표하려고 합니다. 상대에 대한 공격적 언어 표현으로 대표적인 것이 저속한 말로 상대방을 모욕하는 욕설이나 비속어입니다. 이 외에도 겁을 주며 압력을 가하는 협박, 상대방에게 불행이 일어나길 바라는 저주, 상대방을 비웃거나 놀리는 조롱, 상대방의 흠을 들추어 헐뜯는 험담 등이 공격적 언어 표현에 속합니다.

청소년의 공격적 언어 표현의 사용 실태를 구체적으로 알아보기 위해 국립국어원에서 조사한 자료를 살펴보았습니다. 그에 따르면 90% 이상의 청소년들이 욕설이나 비속어를 사용한 적이 있다고 응답하였고, 학년이 올라갈수록 사용 비율도 높아지는 것으로 나타났습니다. 청소년들의 공격적 언어 표현의 종류로는 '이 멍청아.' 등의 욕설이 72%로 가장 높았고, '가다가 확 넘어져라.' 등의 저주가 그 뒤를 이었습니다. 중요한 점은 공격적 언어 표현으로 인해 상대방이 불쾌함을 느끼고 정서적으로 받아들이기 어렵다면 이는 언어폭력이 된다는 것이었습니다.

여러분, 그렇다면 '나한테 한번 혼나 볼래?'라는 공격적 표현은 어떤 종류의 것일까요?

발표의 내용에 따르면 '나한테 한번 혼나 볼래?'는 겁을 주며 압력을 가하는 '협박'에 해당한다.

서답형 1 다음은 제빵 동아리와 농부 동아리의 협상입니다. 잘 듣고 물음에 답하십시오.

제빵 동아리: 나는 제빵 동아리 부장인데, 너희 농부 동아리에서 수확한 농산물을 판매하고 있다는 이야길 들었어. 이번 동아리 축제에서 일일 제과점을 운영하거든. 당근케이크에 들어갈 당근을 10kg 정도 사고 싶은데, 가격이 얼마니?

농부 동아리: 10kg이면 5만 원은 줘야 할 것 같아.

제빵 동아리: (살짝 놀라며) 5만 원이라고? 좀 비싼 것 같네. 당근이 필요하기는 한데 4만 원에 줄 수 없을까?

농부 동아리: 그러면 혹시 고구마는 안 필요하니? 고구마 수확량이 많아서 다 못 팔 것 같거든. 고구마를 추가로 사 주면 당근을 4만 원에 줄게.

제빵 동아리: 고구마케이크도 만들 거니까 원가에 준다면 살게. 그럼 당근은 4만 원에 주는 거지?

농부 동아리: 그래. 좋아. 그런데 이번 축제에서는 판매하는 음료가 서로 겹치지 않도록 음료 종류를 한 가지씩 나눠 가졌잖아. 근데 우리가 토마토 수확량도 많아서 토마토를 주스로 만들어 판매하고 싶어. 토마토주스는 너희 동아리에서 판매한다고 들었는데 너희 대신 우리가 토마토주스를 팔아도 될까?

제빵 동아리: (잠깐 생각에 빠진 듯) 음……. 그럼 우리는 케이크 판매에 집중할게. 대신 너희가 당근과 고구마를 손질해서 줄 수 있을까? 만약 너희가 당근과 고구마를 손질해서 준다면 토마토주스 판매는 너희 동아리에서 해도 좋아.

농부 동아리: (만족스럽게) 그래. 알았어. 우리의 의견 조정 내용은 축제 준비 위원회에 전달할게. 그리고 좋은 당근과 고구마를 골라 손질해서 보내 줄게.

* 음영 부분은 읽지 않음.

농부 동아리가 고구마를 추가로 구입해 주는 조건으로 당근 가격 조정을 수용하자 제빵 동아리는 고구마를 원가 (㉠)에 구입하는 조건으로 고구마의 추가 구입 제안을 수용하였다. 또 축제에서 각 동아리가 판매할 수 있는 음료의 종류를 서로 겹치지 않게 나눠 가진 상황에서, 농부 동아리는 제빵 동아리에서 판매하려고 했던 토마토주스의 판매 권한(㉡)을 요구하고 있다.

4 '끝에'는 [끄테]로 발음되는데, 이는 앞의 받침이 뒤 음절의 첫소리로 발음되는 연음 현상이 나타난 것이다. 연음 현상은 음운 변동 현상으로 볼 수 없다.

서답형 2
'뚜언'의 말에서 목적어의 '할머니'와 부사어의 '선생님'은 높임의 대상이므로 '데리고'를 '모시고'로, '선생님한테'를 '선생님께'로 고쳐야 한다.

5 〈자료〉에서 설명하는 의미 변화는 의미의 축소이다. ㉣의 '놈'은 일반 사람을 뜻하는 말에서 남자를 낮잡아 이르는 말이 되었으므로 의미의 축소에 해당한다.

서답형 3
윗글의 화자는 23행의 '아, 저기 버스가 온다.'를 기점으로 기다림에 대한 상념에서 벗어나고 있다. 따라서 윗글에서 시상의 전환이 드러난 행은 23행이다.

8 '나들이'는 어간 '나들-'에 접미사 '-이'가 붙어 명사가 된 것으로, '나들이'를 소리대로 적으면 '나드리'가 되지만 소리대로 적지 않고 형태소의 원형을 밝혀 적은 것이므로 ㉠의 원칙이 아닌 ㉡의 원칙이 적용된 것이다.

9 ㉡은 수자원 수요의 증가 때문에 농업용수가 부족해져 세계 곡물 생산량이 줄어들 것을 예측하고 있는 자료이다. 이는 우리나라의 물 낭비 문제를 해결하는 방안과는 관련이 없는 내용이다.

서답형 4
학생의 독서 목적은 '태양 전지 사용 사례를 정리하는 과제를 해결'하기 위해서이지만 마지막 문장에서 '글에 태양 전지 사용 사례가 언급되지 않아 다른 글을 더 찾아보아야겠다고 생각했다.'라고 한 것을 보아 윗글이 독서 목적에 적합하지 않은 글이었음을 알 수 있다. 또 '전체적으로 내용이 어렵게 느껴졌고 용어도 잘 이해가 되지 않았다.'라고 한 것을 보아 학생의 수준에 맞지 않는 글이었음을 알 수 있다. 이와 자기 점검표의 항목을 고려할 때 '오늘의 보완점'에는 독서 목적과 자신의 수준에 맞는 글을 선택해야겠다는 내용이 들어가는 것이 적절하다.

11 4문단에서 에너지 하베스팅은 '작은 에너지를 큰 에너지로 저장하지 않고 직접 소형 기기에 전달하여 사용하는 기술 방식'이라고 했으므로 '작은 에너지를 큰 에너지로 저장하는 기술을 활용했'다는 진술은 적절하지 않다.

15 1문단에서 부유층이 교외로 주거지를 옮기는 부유층의 교외화 현상(㉢)이 나타나면, 도심 인근에 남은 주거 지역은 도시 빈민이나 부랑자들이 거주하는 공간으로 바뀌게 된다고 했다.

16 여기(㉡)는 말하는 이에게 가까운 곳을 가리키는 표현이다.

18 운암댁은 권력에 눈이 멀어 변해 버린 남편을 본 경험 때문에 완장을 차고 감시원을 하기로 한 종술과 갈등을 겪고 있다. 따라서 (가)에서 종술과 운암댁의 갈등이 발생하게 된 근원이 (나)에서 드러난다고 볼 수 있다.

19 남들에게 물리면서 사는 모습을 비유한 표현은 '토끼'이다. '살쾡이'는 권력에 눈이 멀어 기세등등한 남편의 모습을 비유한 표현이다.

서답형 5
종술은 어머니에게 완장은 '그냥 명예(㉠)뿐'이라고 하면서도 완장의 권위를 자랑스럽게 여기고 있다. 이러한 아들의 모습은 운암댁에게 완장을 차고 변해 버린 남편의 모습을 떠올리게 하는데, 운암댁은 종술이 감투 욕심으로 남편처럼 변할까 봐(㉡) 걱정하고 있다.

문항 번호	영역	정답
1	듣기·말하기	③
2	듣기·말하기	④
3	듣기·말하기	④
서답형 1	듣기·말하기	㉠ 인용 ㉡ 강화
4	문법	③
서답형 2	문법	㉠ 쫓기다 ㉡ -기-
5	문법	④
6	문법	①
7	문법	④
8	읽기	④
9	읽기	⑤
10	읽기	⑤
11	문학	④
서답형 3	문학	㉠ 과장 ㉡ 떨어져서 슬픈
12	문학	④
13	문학	④
14	읽기	④
15	읽기	⑤
서답형 4	읽기	㉠ 정수 ㉡ 가격 부담
16	쓰기	⑤
서답형 5	쓰기	병원에 가서 약을 처방받아 딸꾹질을 멈출 수도 있습니다.
17	문학	③
18	문학	③
19	문학	④

1 다음은 학생들의 대화입니다. 잘 듣고 물음에 답하십시오.

영규: (조심스러운 목소리로) 저기, 민희야. 잠깐 이야기 할 시간 있어?

민희: 응, 괜찮아. 무슨 일 있어?

영규: 다음 주 월요일 국어 시간에 발표가 있는데, 갑자기 주말에 이모 댁에 가게 됐거든. 발표를 준비할 시간이 부족해서 그러는데 혹시 괜찮다면 발표 날짜 좀 바꿔 줄 수 있을까?

민희: 월요일? (잠시 휴지) 어쩌지? (난감한 듯한 목소리로) 오늘이 금요일이라 주말 동안에 자료 수집에서 편집까지 다 할 수 있을지 모르겠어. 내가 영상 편집하는 방법을 잘 몰라서 말이야. 혹시 다른 애들한테는 물어봤어?

영규: (난감한 듯한 목소리로) 그게, 내가 부탁할 만한 친구들은 이미 발표를 다 했어. 조금 늦더라도 괜찮다면 내가 일요일에 영상 편집하는 건 도울 수 있는데, 그럼 혹시 월요일에 발표해 줄 수 있어?

민희: 응, 네가 도와준다면 준비할 수 있을 것 같아. 그럼 월요일에 내가 발표할게.

영규: (밝은 목소리로) 정말 고마워! 너도 나중에 도움이 필요하면 언제든 나한테 말해!

* 음영 부분은 읽지 않음.

남학생은 갑자기 주말에 이모 댁에 가게 되어 발표를 준비할 시간이 부족하다는 자신의 상황을 설명하며, 괜찮다면 발표 날짜를 바꿔 줄 수 있는지 상대에게 부탁하려는 내용을 완곡하게 말하고 있다.

2 이번에는 강연을 들려 드립니다. 잘 듣고 물음에 답하십시오.

강연자: 여러분, 오늘 저는 여러분께 시간 관리에 관해 말씀드리려고 합니다. 먼저 여러분께 보여 드릴 게 있어요. 자, 여기 유리컵이 하나 있습니다. 제가 지금부터 여기에 조약돌들을 넣어 보겠습니다. (휴지) 이제 유리컵이 가득 찼네요. 그럼 이제 이 유리컵에 모래를 넣어 보겠습니다. (휴지) 조약돌들 사이로 모래가 들어가 이젠 정말 꽉 찼네요. 이것이 시간 관리와 어떻게 연결될 수 있을지 생각나시는 분 계시면 말씀 부탁드립니다.

청중 1: 예, 모래가 조약돌 틈으로 들어간 것은 자투리 시간을 찾아내 시간을 활용할 수 있다는 의미 같아요.

강연자: 유리컵이 조약돌로 가득 찼다고 해도 모래가 들어갈 틈이 있듯이 아무리 일정이 꽉 찬 것처럼 보여도 활용할 수 있는 자투리 시간은 얼마든지 있다는 말씀이시네요. 네, 그렇게도 생각할 수 있겠군요. 그런데 이렇게 볼 수도 있어요. 유리컵에 조약돌을 먼저 담았기 때문에 모래도 담을 수 있었다고요. 제가 방금 한 말이 이해되시나요?

청중 2: 잘 모르겠어요.

강연자: 네, 그럼 좀 더 자세히 설명 드릴게요. 자, 여기 또 다른 빈 유리컵이 있습니다. 이번엔 모래를 먼저 넣어 볼게요. (휴지) 모래가 많이 들어가네요. 이제 컵이 가득 찼습니다. 그런데 여러분, 모래를 먼저 넣으니 이렇게 조약돌은 넣을 수가 없게 되었어요. 이것을 시간 관리와 연결 지어 보면 작고 사소한 일을 먼저 하게 되면 정작 크고 중요한 일은 하지 못하게 된다는 것입니다. 제가 한 말을 이해하시나요?

청중들: 네.

강연자: 여러분, 순서를 생각하지 않고 일을 하면 바쁘게 시간을 보냈는데도 정작 중요한 일을 하지 못하는 경우가 많아요. 시간은 제한되어 있는데 해야 할 일들이 많다면 잠깐 멈추고 조약돌과 모래를 떠올리며 제가 한 이야기를 생각해 보세요. 경청해 주셔서 감사합니다.

* 음영 부분은 읽지 않음.

강연자는 두 번째 발언과 세 번째 발언 마지막 부분에서 '제가 방금 한 말이 이해되시나요?', '제가 한 말을 이해하시나요?'와 같이 질문을 던지고 청중의 답변을 유도하면서, 강연 내용을 청중이 이해하고 있는지 점검하고 있다.

3 이제 학교 방송반 회의의 일부를 들려 드립니다. 잘 듣고 물음에 답하십시오.

반장(여): 지난번 회의에서는 학교에서 키울 토끼에 관한 뉴스를 만들기로 결정했고 역할 분담도 했었어. 다들 준비해 왔지? 뉴스에 나올 순서대로 이야기해 보자.

남학생: 내가 제목을 맡았으니까 먼저 얘기할게. 토끼 얼굴 모양의 그래픽에 '우리 친구 토끼'라는 제목을 넣었어.

여학생: 이거 좋은 것 같은데? 나는 첫 번째 내용을 맡았어. 우선 우리 학교에서 토끼를 키우기로 했는데

토끼를 키워 본 학생은 많이 없는 것 같아. 그래서 우리 학교 학생들이 어떤 반려동물을 키우고 있는지 설문 조사를 했어. 결과는 원그래프로 만들었어.

반장(여): 그래프로 정리하니 한눈에 들어와서 좋아. 그럼 이제 도입 부분은 다 됐네. 나는 우리 학교에서 키울 토끼의 모습, 학교 건물 뒤편에 지어진 토끼를 키울 장소 등 학생들이 궁금해할 만한 내용을 사진 자료로 준비했고, 아나운서가 설명할 수 있게 대본도 써 왔어.

남학생: 사진과 함께 배경 음악으로 토끼에 관한 동요를 넣는 게 어때?

여학생: 음…… 좋은 생각이긴 한데, 갑자기 계획에 없던 동요를 추가하는 건 좀 부담스러워.

남학생: 아, 그렇구나. 그럼 동요는 넣지 말자. 마지막 내용은 토끼를 키울 때 주의할 점이지? 이 부분도 내가 맡아서 우리 동네 수의사 선생님과 인터뷰한 영상을 편집해 왔어.

반장(여): 그럼 이제 다 됐네. 바로 촬영 들어가면 되겠다.

* 음영 부분은 읽지 않음.

여학생은 사진과 함께 토끼에 관한 동요를 배경 음악으로 넣자는 남학생의 의견에, 계획에 없던 동요를 추가하는 것이 부담스럽다는 이유로 거절했다. 남학생 또한 이에 동의했으므로 토끼에 관한 동요를 담은 오디오 자료는 뉴스에 들어갈 매체 자료로 적절하지 않다.

[서답형] 1 이번에는 토론의 일부를 들려드립니다. 잘 듣고 물음에 답하십시오.

사회자: 오늘 토론의 논제는 '우리 학교 교복에 명찰을 고정하여 부착해야 한다.'입니다. 찬성 측부터 논제에 대한 입장을 말씀해 주십시오.

찬성 측(남): 학생은 학교 안에서나 밖에서나 학생 본분에 맞게 행동해야 합니다. 그런데 명찰은 학생들이 자신의 행위에 대해 책임감을 느끼게 합니다. 교복에 명찰을 고정 부착하면 학생들은 어디서나 행동에 주의하게 되므로, 탈선을 예방하는 효과를 거둘 수 있습니다. 따라서 교복에 명찰을 고정하여 부착해야 합니다.

반대 측(여): 교복에 명찰을 고정 부착하면 본인의 의사와 상관없이 이름이 노출되어 사생활이 침해될 우려가 있습니다. 또한 남을 의식하게 되어 행동에도 제약이 생깁니다. 따라서 교복에 명찰을 고정하여 부착하는 것을 반대합니다.

사회자: 이번에는 반대 측부터 상대방의 주장에 대한 입장을 말씀해 주십시오.

반대 측(여): 명찰을 고정 부착한다고 해서 탈선 예방 효과가 있다는 말씀에 동의할 수 없습니다. 탈선하려고 마음만 먹으면 교복을 벗고 다른 옷을 입으면 되기 때문입니다. 오히려 명찰을 고정 부착하면 개인의 이름이 노출되어 범죄에 이용될 수 있습니다.

찬성 측(남): 고정 부착된 명찰로 인한 부작용도 있지만, 얻을 수 있는 것이 더 많습니다. 명찰을 고정 부착하면 학교생활에서 이름이 불리게 되어 존재감을 인정받을 수 있는 가능성도 높아집니다. 이것이 인격적으로 존중받는 출발점이 아닐까요?

사회자: 그럼 이번에는 찬성 측부터 자신의 입장을 발언해 주십시오.

찬성 측(남): 명찰을 고정 부착하면 행동에 대한 책임감을 갖게 되므로 학생다운 생활을 할 수 있게 한다는 교육적 효과가 있습니다. 또한 교복 분실을 방지하는 실용적 효과도 부수적으로 발생합니다. 이러한 면을 종합적으로 고려할 때 명찰은 고정 부착해야 합니다.

반대 측(여): 명찰이 고정 부착된 교복을 입는 학교의 학생에게 설문 조사한 결과에 의하면, 명찰이 고정 부착된 교복을 입어 자신의 인권이 침해되었다고 생각하는 학생이 80%가 넘는다고 합니다. 학생의 신분이라 하여, 교육적이라 하여 누구나 보장받아야 할 인권이 침해되는 것은 옳지 않습니다.

* 음영 부분은 읽지 않음.

반대 측 토론자는 마지막 발언에서 설문 조사 결과를 '인용(㉠)'하여 명찰 고정 부착으로 기본적 인권이 침해될 수 있음을 언급하면서, 교복에 명찰을 고정 부착하는 것에 반대하는 자신의 주장을 '강화(㉡)'하고 있다.

4 이어적기 방식에 따르면 종성의 자음은 다음 음절의 첫소리로 옮겨서 발음한 형태로 표기해야 한다. 따라서 ㉠은 '기픈', ㉡은 'ᄇᆞᄅᆞᆷ매', ㉢은 '므른'으로 표기하는 것이 적절하다.

서답형 2

'고양이가 쥐를 쫓다.'를 피동문으로 바꾸려면 능동사 '쫓다'의 어간에 접미사 '-기-(㉡)'를 붙인 '쫓기다(㉠)'를 사용해야 한다. 이에 따라 제시된 문장을 피동문으로 바꾼 문장은 '쥐가 고양이에게 쫓기다.'이다.

5 ㉠~㉢은 각각 체언인 '수'(의존 명사), '것'(의존 명사), '풍경(명사)', '길(명사)'을 수식하고, ㉤은 부사어 '빠르게'를 수식한다.

관형격 조사와의 결합 여부를 고려할 때, ㉠~㉢ 중 ㉢만 '시골의 풍경'과 같이 관형격 조사와 결합할 수 있다.

문장에서의 생략 여부를 고려하면, ㉣은 '그녀가 길을 천천히 걷고 있다.'와 같이 생략해도 문장이 성립한다. 그러나 ㉠, ㉡은 생략했을 때 문장의 의미가 어색해지므로 생략할 수 없다. 이를 모두 고려할 때 [A]에 해당하는 것은 ㉣이다.

6 '벼훑이[벼훌치]'는 받침 'ㄾ'의 'ㅌ'이 접미사 '-이'의 모음 'ㅣ'와 결합되어 [ㅊ]으로 교체되고, 이가 뒤 음절 첫소리로 옮겨져 발음된 것이다. 이는 ㉠의 내용과 관련이 있다.

7 ㉠에서 특수 어휘 '잡수다'를 통해 높이는 대상은 문장의 주체인 '할아버지'이다. ㉢에서 특수 어휘 '뵙다'를 통해 높이는 대상은 문장의 객체인 '할머니'이다.

9 윤리의 기준이 대다수가 누릴 수 있는 행복에 있어야 한다고 본 윤리설은 '목적을 중시하는 윤리(㉠)'이다. 따라서 '의무를 중시하는 윤리(㉡)'도 대다수의 행복을 윤리의 기준으로 본다고 설명한 ⑤는 적절하지 않다.

10 공리주의는 목적을 중시하는 윤리를 대표한다. 공리주의는 다수에게 이익이 되는 것을 윤리로 본 반면, '의무를 중시하는 윤리(㉡)'는 마땅히 지켜야 할 도덕적 의무가 존재한다고 보기 때문에 ⑤와 같은 질문을 던질 수 있다.

11 윗글은 1~2행의 내용이 11~12행에서 반복되는 수미 상관의 구조를 통해 다시 필 모란을 기다리겠다는 화자의 의지와 정서를 강조하고 있다.

서답형 3

'삼백예순날' 내내 운다는 것은 모란이 진 후 느끼는 슬픔의 깊이를 '과장(㉠)'된 표현으로 나타낸 것이다. 그리고 화자에게 '봄'은 모란이 피어서 찬란하면서도 한편으로는 모란이 '떨어져서 슬픈(㉡)' 계절이기에 화자는 이를 '찬란한 슬픔의 봄'으로 표현하였다.

12 글쓴이는 퇴락한 행랑채를 수리한 경험을 사람과 정치에 확대·적용하면서, 사람은 잘못된 습관을 바로 고쳐야 좋은 사람이 될 수 있고, 잘못된 정치를 개혁하는 일 역시 머뭇거리지 말고 바로 행해야 한다는 교훈을 독자에게 전달하고 있다.

13 [A]는 1~2문단, [B]는 3문단, [C]는 4문단에 해당한다. 글쓴이는 3문단에서 사람이 잘못을 알고 바로 고치지 않는다면 패망할 것이며, 잘못을 알고 빨리 고친다면 다시 좋은 사람이 될 수 있다고 하였다. ④와 같은 내용은 찾을 수 없다.

14 2문단에서 적정 기술의 조건 중 하나는 제품의 사용자가 전문적 지식 없이도 사용 절차와 과정을 쉽게 이해할 수 있어야 한다는 것이라고 했다. 즉, 적정 기술 제품은 사용 절차와 과정에 대한 전문적 교육 없이도 사용할 수 있는 제품을 말한다.

15 4문단에 따르면 페트병 전구는 전기가 부족한 저개발 국가의 주민들이 손쉽게 제작하여 실내조명으로 활용하고 있다. 그러나 페트병 전구의 제작을 위한 노동력이 필요하여 현지에 새로운 일자리를 창출한다는 내용은 과도한 반응이다.

서답형 4

3문단에서 생명 빨대는 700리터의 물을 정수(㉠)할 수 있다고 했다. 또 마지막 문단에서 생명 빨대는 물을 거르는 필터를 저개발 국가에서 제작할 수 없으며, 그것을 이용하는 사람들이 구매하기에는 가격 부담(㉡)이 크다는 단점을 밝히고 있다.

16 〈자료〉에 소방관을 꿈꾸는 친구들과 진로에 대한 경험을 나누기 위한 다짐은 없다. 학생은 작성한 진로 노트를 꿈을 포기하고 싶거나 힘이 들 때 꺼내 보고 싶다는 소망으로 글을 마무리하고 있다.

서답형 5

연수가 작성한 초고의 마지막 문장에서 '그게 너무 부담스럽습니다.'는 개인적인 정서가 두드러지므로 삭제해야 한다. 그리고 연수가 글을 쓴 목적이 '딸꾹질을 멈추는 방법'에 대한 정보 전달이므로, 이를 고려해 마지막 문장을 '병원에 가서 약을 처방받아 딸꾹질을 멈출 수도 있습니다.'와 같이 고쳐 쓸 수 있다.

18 '삼순구식(三旬九食)'은 삼십 일 동안 아홉 끼니밖에 먹지 못한다는 뜻으로, 흥보는 자신이나 자식들이 모두 굶고 있는 가난한 사정을 이야기하며 놀부에게 구걸하고 있다.

오답 피하기

① '조삼모사(朝三暮四)'는 간사한 꾀로 남을 속여 희롱함을 이르는 말로, 놀보는 흥보를 박대하고 있을 뿐 흥보의 환심을 사고 있지는 않다.
② '금의환향(錦衣還鄉)'은 출세를 하여 고향에 돌아옴을 비유적으로 이르는 말로, 흥보는 놀보가 자신을 불쌍히 여겨 양식을 주기를 바랄 뿐 놀보의 환대를 기대하고 있지는 않다.
④ '막역지우(莫逆之友)'는 서로 거스름이 없는 친구라는 뜻으로, 허물이 없이 아주 친한 친구를 이르는 말이다. 놀보와 흥보는 서로 친구 사이가 아니며, 놀보는 흥보를 격의 없이 맞이하는 것이 아니라 박대하고 있다.
⑤ '풍수지탄(風樹之歎/風樹之嘆)'은 효도를 다하지 못한 채 어버이를 여읜 자식의 슬픔을 이르는 말로, 놀보가 효도를 다하지 못한 채 어버이를 여읜 슬픔에 빠진 상태로 흥보의 부탁을 거절하는 것은 아니다.

19 〈흥보전〉의 주인공 흥보는 형 놀보와 달리 끼니를 걱정해야 할 정도로 가난한 상황에 처해 있다. 이러한 흥보의 모습은 근대 자본주의 사회로 이행하는 과정에서 경제적으로 몰락한 양반의 처지를 보여 주는 것이라고 할 수 있다.